R Programı ve İstatistiksel Analizler

R Programı ve İstatistiksel Analizler

Burcu Öngen BİLİR

ISBN: 978-605-69802-6-8

Birinci Baskı: Kriter Yayınevi 2019 / İSTANBUL

Yayınevi Sertifika No: 45353

Anahtar Kelimeler: R Yazılımı, R Dili, İstatistiksel Veri Analiz Yazılımları

Birinci Baskı, 98 s. 13,5 cm x 21 cm

Kaynaklar var, Dizin Yok.

Kapak Tasarımı: Ahmet Baran

Mizanpaj: Kriter Yayınevi

Baskı: Birlik Fotokopi Baskı Ozalit ve Büro Malzemeleri San. ve Tic. Ltd. Şti. Yıldız Mahallesi Çırağan Cad. No: 51 No'lu Mağaza Beşiktaş/ İSTANBUL

Matbaa Sertifika No: 20179

İletişim

Hobyar Mah. Ankara Cad. Güncer Han No: 17 Daire 306

Fatih / İSTANBUL

Tel: 0 212 527 31 89

info@kriteryayinevi.com

www.kriteryayinevi.com

R Programı
ve
İstatistiksel Analizler

Burcu Öngen Bilir

Birinci Baskı

2019 – İstanbul

KRİTER

Sevgili Eşime ve Canım Kızıma...

ÖNSÖZ

Günümüzde her türlü istatistiksel tahmin probleminde birçok paket programa alternatif olarak kullanılan R programı, istatistiki yazılım geliştirme ve grafik çizimlerinde yaygın olarak kullanılmaktadır. Bu kitapta kullanıcılara yapacakları çalışmalarda R programından nasıl faydalanacakları aşama aşama anlatılmıştır. R programı, kullanıcıların eklediği özel fonksiyonlar veya çok özel araştırma alanlarına ait paketlerle oldukça geliştirilebilirdir. S dilinin mirasından dolayı R, diğer birçok istatistiki hesaplama dilinden daha kuvvetli bir nesneye yönelik programlama kabiliyetine sahiptir.

Kitap on temel başlıktan oluşmaktadır. Veri türleriyle başlayıp daha sonra R programında grafikler, t-testi, ki-kare bağımsızlık testi, varyans analizi, parametrik olmayan testler, doğrusal regresyon, çoklu doğrusal regresyon ve lojistik regresyon konularına yer verilmiştir.

Bu çalışmanın ortaya çıkmasında benden desteklerini esirgemeyen değerli hocam Prof. Dr. Mustafa Aytaç ve Prof. Dr. Nuran Bayram'a teşekkürü bir borç bilirim. Arş. Gör. Zübeyde Çiçek'e yardımları için çok teşekkür ederim. Ayrıca bu süreçte desteğini hiç esirgemeyen sevgili eşim Uğur Bilir'e ve aileme teşekkür ederim.

Kitabımın yayımını üstlenen Kriter Yayınevi ile sayın Numan Ergül'e ayrıca teşekkür ederim.

Dr. Burcu Öngen Bilir

İÇİNDEKİLER

BİRİNCİ BÖLÜM

R PROGRAMINA GİRİŞ

R dili temel olarak istatistikçiler tarafından geliştirilmektedir. İlgili istatistik tekniklerinin teorik yapısına ilişkin bilgi, programlama üzerinde gösterilmektedir. Ayrıca istatistik alanında meydana gelen gelişmeler R for Windows paket programına kolaylıkla adapte edilmektedir.

R for Windows paket programı çevre birimi kullanıcılara;

- Etkin bir veri işleme ve depolama olanağı,
- Dizi ve matris hesaplamaları için komutlar grubu,
- Veri analizi için ileri düzeyli teknikler topluluğu,
- Verinin ekranda ya da basılı bir eserde görüntülenebilmesine olanak veren geniş grafiksel özellikler,
- İstatistiksel hesaplamada kullanılan açık kaynak kodlu R sistemi, veri analizi ve grafik çizme için bir çevredir. R'ın kökü, Bell Labratories'de 1960'lı yıllarda John Chambers ve arkadaşları tarafından geliştirilen S yazılım dilidir. (http://www.R-project.org) R'ın resmi web sitesidir. R'ın en önemli özelliği ücretsiz olmasıdır. R açık kaynaklı ve ücretsiz olan kütüphaneler ile çalışmaktadır. R'ın gücü ve kullanım kolaylığı bu kütüphanelere dayanmaktadır. R programında her konuda hazır fonksiyonlara sahip kütüphaneler yüklenip kullanılabi-

lir. Böylece R, kullanılan en güncel yöntemleri uygulamamıza olanak sağlamaktadır (Gürsakal, 2014: 6).

R programı arka planda klasik istatistik, Bayesyen istatistik ve grafik süreç birimlerini hesaplamak için çalışmaktadır. İlk olarak, R programı için gerekli olan tek bir donanım gereksinimi, en son ücretsiz açık kaynaklı R yazılımı yüklü bir bilgisayardır. R programı kapsamlı belgeleri ve aktif çevrimiçi topluluk desteğine sahiptir. İstatistiksel hesaplamalara başlamak için mükemmel bir ortamda çalışma sağlamaktadır.

R programı, esas olarak bir istatistik yazılım geliştirme programı olarak kullanılmaktadır. Bu nedenle diğer istatistiksel paket programların aksine R kullanıcı dostu bir ara yüze sahip değildir ve öğrenmesi daha uzun zaman alabilmektedir. Bu durum yeni kullanıcılarda biraz kaygı yaratmaktadır. Ancak kullanıcılar temel mantığını kavradıktan sonra R yazılımının veri çözümleme sürecinde sağladığı özgürlük ve avantajların farkına varabilmektedirler. R yazılımı parasız temin edilebilmesi, açık kaynaklı olması, araştırmacıların çalışmaları için uygun kendi fonksiyonlarını yazmalarına olanak tanıması, dinamik ve sürekli gelişen bir yapıya sahip olması gibi özellikleri nedeniyle son yıllarda dünyada kullanımı yaygınlaşmıştır.

R programının artı yönleri olduğu gibi eksi yönleri de bulunmaktadır. Artı yönleri; hızlı ve ücretsizdir. Program güncel olmakla birlikte, istatistik alanında çalışan araştırmacılar algoritmalarını R ortamında paylaşmaktalar. Böylece yaygın kullanım ve kullanıcı desteğine sahiptir. Analizin nasıl yapılması gerektiği hakkında düşündürür. Diğer diller ve programlar ile bağlantı desteği vardır. İşletim sisteminden bağımsız olarak çalışmaktadır. Eksi yönleri ise; öğrenme süreci uzundur ve kullanıcı dostu değildir. Hata yapmak kolaydır ve hatanın tespiti zor olabilir. Veriyi işlenecek hale getirmek zaman alıcı ve hataya açık bir süreçtir. Tüm işlemler hafızada gerçekleştirilir.

1.1. Kurulum

R yazılımının en son güncellemesi için R ana sayfasını ziyaret edebilir ve kurulum dosyaları sağlayan bir CRAN listesi bulabiliriz. R yazılımını temin etmek için (http://www.R-project.org/) internet sayfasını ziyaret edip sayfada bulunan “download R” butonuna tıklamanız gerekmektedir. Daha sonra açılan sayfadan “Turkey” başlığı altında bulunan linki tıklamanız gerekmektedir. Son aşama olarak da açılan sayfada bilgisayarınızın işletim sisteminin yazılı olduğu (Windows, Linux, Mac) linki tıklayarak gerekli yönlendirmeleri de takip ederek indirme işlemini başlatabilirsiniz. İndirme işlemi tamamlandıktan sonra R yazılımının kısa yoluna tıklayarak başlatabilirsiniz. Yazılım temel ara yüzü Şekil 1’de verilmiştir.

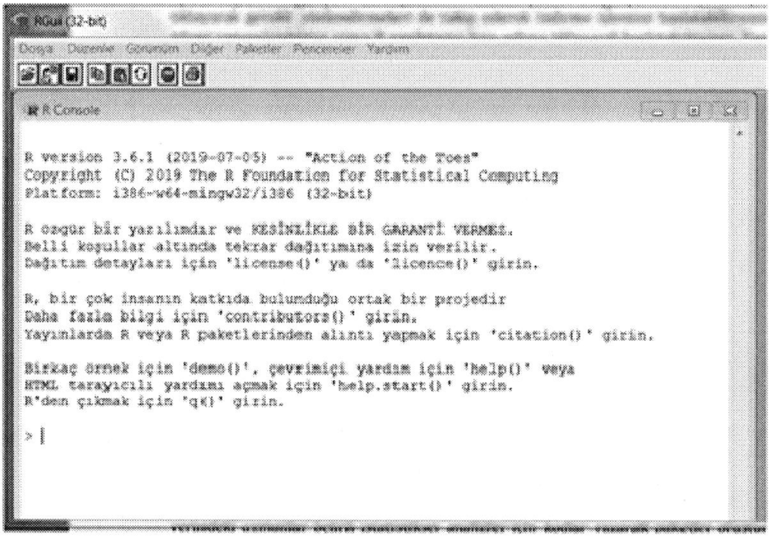

Şekil 1.1. R Programının Açılış Ekranı

RStudio ise, R ile daha kolay etkileşime girmenize izin veren entegre bir geliştirme ortamıdır. RStudio oldukça kullanıcı dostudur.

R programını kurduktan sonra (https://www.rstudio.com) adresinden "download" linkini takip ederek RStudio programını bilgisayarınıza kurabilirsiniz. Yazılımın temel ara yüzü Şekil 1.2'de verilmiştir.

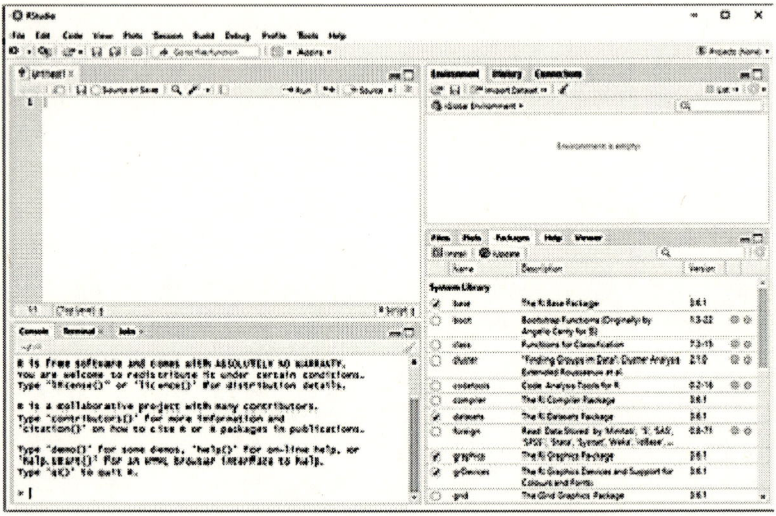

Şekil 1.2. RStudio Programının Açılış Ekranı

RStudio'nun temel arayüzü Şekil 1.2'de görülmektedir. RStudio ilk açıldığında dört pencere görülmektedir. Sol üst taraftaki ilk pencere R kodlarının yazıldığı alandır. Kod yazma alanının hemen üstünde "Source on Save" butonu yer almaktadır. Bu buton kullanıldığında RStudio yeniden başlatıldığında daha önceden çalışılan dosyanın içeriği tekrar yüklenmektedir. Bu sayede sık kullanılan paketler, fonksiyonlar ve class'lar kolaylıkla görülebilmektedir. Sol alt köşede görülen pencere ise Console olarak adlandırılmaktadır. Bu alan denenmek istenen veri setlerinin ve filtrelerin burada test edilebilmesini sağlamaktadır.

Sağ üst köşede görülen pencere ise "Environment" ve "History" alanları olarak tanımlanmaktadır. "Environment" sekmesinde, Console'da tanımlanan her şey (değişken, liste, data seti vb.) görülebilmektedir. "History" sekmesinde ise Console'da çalıştırılan tüm komutlar listelenmektedir. Eğer kullanıcı işlemlerini bitirdikten sonra Environment'ta herhangi bir şey kaydetmezse, History'de bir şey saklanmamaktadır.

Sağ alt köşedeki pencerede ise, "Files", "Plots", "Packages", "Help" ve "Viewer" sekmeleri yer almaktadır. Bu alana aynı zamanda Misc Paneli de denilmektedir. "Files" sekmesi kullanıcının bilgisayarlarındaki dosyaları göstermektedir. "Plot" sekmesi üretilen grafiklerin görülmesini sağlamaktadır. "Packages" gerekli görülen paketlerin yüklenilmesini sağlamaktadır. "Help" ise aranılan herhangi bir fonksiyonun sahip olduğu özellikler ile ilgili kapsamlı dokümanlar sunmaktadır. Bu dört pencerenin yerleri "Preferences" kısmından istenildiği gibi değiştirebilir, seçenekler arasından istenilen yazı tipi kullanılarak kodlama yapılabilmektedir.

1.1.1. Harici Verileri Kullanma

R programı, Excel, Minitab ve SPSS dosyaları da dahil olmak üzere harici verileri yüklemek için birçok seçenek sunmaktadır. Veri analizinde en önemli nokta istenen veriyi analize hazır hale getirmektir. Bunun için öncelikle elimizdeki veriyi R programının analiz edebileceği hale dönüştürmek gerekir. Birden farklı veri formatı bulunmaktadır. En çok karşılaşılan veri formatları arasında .csv, .sav, .Rdata, .txt sayılabilir. Analizden önce verilerin düzgün bir şekilde çalışma alanına getirilmesi gerekmektedir. Eğer çalışılan veri seti ve R betiği aynı klasör içerisinde ise, bir diğer deyişle veri seti çalışma klasörünün (working directory) içerisinde ise adres belirtmeden veriyi çalışma alanına çağırabilirsiniz.

İlk olarak, csv (comma separated values) türü virgülle ayrılmış değerler içeren dosyalardır. Excel dosyasındaki verileri csv olarak kaydedilebilir. *read.csv* fonksiyonu ile veri çalışma alanına çağırılabilir.

veri<-read.csv("örnekveri.csv",header=T,sep=";",dec=",")X;Y

Yukarıdaki komut girilerek veri setimiz çağırılır. Örnek veri seti R programına aktarılmıştır.

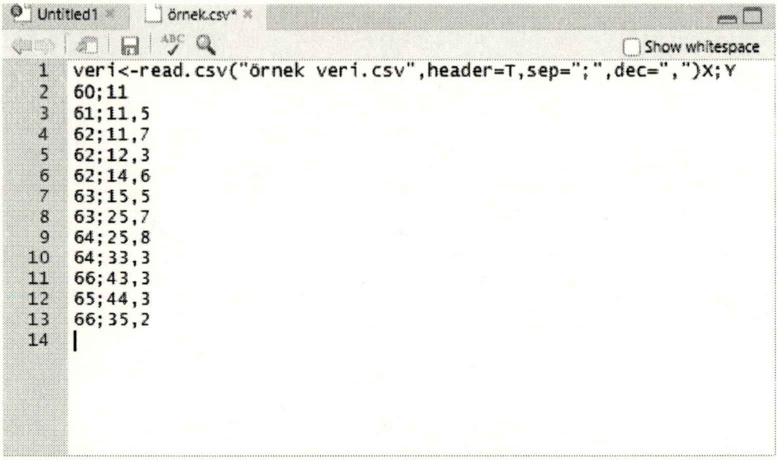


```
veri<-read.csv("örnek veri.csv",header=T,sep=";",dec=",")X;Y
60;11
61;11,5
62;11,7
62;12,3
62;14,6
63;15,5
63;25,7
64;25,8
64;33,3
66;43,3
65;44,3
66;35,2
```

R programından SPPS verisini çağırmak için ise, sosyal bilimciler için yaygın olarak kullanılan sav dosyasını *foreign* paketinde yer alan *read.spss* fonksiyonu sav dosyalarını okumak için kullanılabilir.

Eğer veri dosyanız farklı klasörde ise; R Studio'nun sağ üst köşesinde *Environment* sekmesi altında yer alan *import dataset* ile verileri çağırabilirsiniz.

1.1.2. R Yazılımı

R başladıktan sonra giriş için bekleyen ekran karşımıza çıkmaktadır. İstemde (>), hemen sayı girip hesaplamaları yapabiliriz.

```
> 1 + 2
[1] 3
```

1.1.3. Değişken Atama

Atama operatörüyle değişkenlere değer atarız "=". Sadece istemde tek başına değişken yazarak değeri yazdırır. Başka bir atama operatörü "<" formu da kullanılmaktadır.

```
> x = 1
> x
[1] 1
```

1.1.4. Fonksiyonlar

R fonksiyonları ismiyle çağrılır, ardından parantez ve sıfır veya daha fazla argüman izlenir. Aşağıdaki, üç sayısal değeri bir vektörde birleştirmek için c işlevi uygulanır.

```
> c(1, 2, 3)
[1] 1 2 3
```

Yorumlar

Aynı satırdaki # pound işaretinden sonraki tüm metinler yorum olarak kabul edilir.

```
> 1 + 1
# 1 ile 1'i topla
[1] 2
```

1.1.5. İlave Paket

Bazen R Kütüphanesi tarafından sunulanların ötesinde ek fonksiyonlara ihtiyaç duyarız. Bir uzantı paketi kurmak için, R penceresine install.packages işlevini çağırmalı ve talimatları izlemeliyiz.

R paketleri genellikle CRAN (comprehensive R archive network) içerisinde bulunur. Paketler yazarlar tarafından güncellendiği sürece CRAN'da bulunur. R paketlerini CRAN'dan çekerek kendi bilgisayarınızda saklayabilirsiniz. Yüklediğiniz paketler *kullanıcı kütüphanesinde* tutulur. Paketleri bir R oturumunda kullanabilmek için onları aktif hale getirmeniz gerekir. Rstudio'da ise Install Packages sekmesini tıklayarak ilave paketleri indirip, kullanabiliriz.

```
> install.packages()
```

1.1.6. Yardım Almak

R kapsamlı bir dokümantasyon sağlamaktadır. Örneğin, komut istemine c veya help(c) girilmesi, R'deki c fonksiyonunun dokümantasyonunu verir.

```
> help(c)
```

Eğer fonksiyonun adından emin değilseniz, uygun fonksiyonla bulanık araştırma yapabilirsiniz.

```
> apropos("nova")
[1] "anova"          "anova.glm"
```

Son olarak, daha fazla bilgi için RSeek'te R'a özgü bir internet arama motoru vardır.

1.2. Temel Veri Tipleri

R hesaplamalarında sıkça rastlanan birkaç temel R veri tipi vardır. Bu bölümde veri tiplerine göre R koduyla doğrudan deney yaparak onları daha iyi anlamaya çalışacağız.

1.2.1. Sayısal Değerler

Ondalık değerler, R'da sayısal olarak adlandırılır. Varsayılan hesaplamalı veri türü olarak ifade edilir. Eğer x değişkenine aşağıdaki gibi bir ondalık değer atarsak, x sayısal tipte olacaktır.

```
> x = 10.5          # ondalık ata
> x # x print
[1] 10.5
> sınıf (x)         # sınıfın ismini çıkar
[1] "numeric"
> sınıf(x)          # sınıfın ismini çıkar
[1] "numerik"
```

Ayrıca, k değişkenine bir tam sayı atamasak bile, yine de sayısal bir değer olarak kaydedilmektedir.

```
> k = 1
> k                 # print k
[1] 1
> class(k)          # print class name
[1] "numeric"
```

1.2.2. Tamsayılar

R de bir tamsayı değişkeni oluşturmak için tamsayı işlevini çağırırız. Y'nin tamsayı fonksiyonu olup olmadığını uygulayarak belirleyebiliriz.

```
> y = as.tamsayı(3)
> y                   # y yaz
[1] 3
> class(y)            # print class name
[1] "integer"
> is.integer(y)       # is y an integer?
```

```
[1] TRUE
```

Bu arada, sayısal bir değeri as.integer işleviyle bir tamsayıya dönüştürebiliriz.

```
>as.integer(3.14) # integer cast
[1] 3
```

Ve bir dizgiyi ondalık değerler için aynı şekilde ayrıştırabiliriz.

```
> as.integer("5.27")      # parse string
[1] 5
```

Öte yandan, ondalık olmayan bir dizgi ayrıştırmaya çalışmak hata verir.

```
>as.integer("Joe")
[1] NA Warning message:
NAs introduced by coercion
```

Çoğu zaman, mantıksal değerler aritmetik oluşturmak için yararlıdır. C dili gibi, Doğru 1, Yanlış 0 gibi.

```
> as.integer (TRUE)
[1] 1
> as.integer (FALSE) [1] 0
```

1.2.3. Karmaşık Sayılar

R'deki karmaşık bir değer, saf hayali bir değer olan i ile tanımlanır.

```
> z = 1 + 2i              # a complex number
> z                       # print z
[1] 1+2i
> class(z)                # print class name
```

[1] "complex

Aşağıdaki hata verir -1 karmaşık bir değer değildir.

```
> sqrt(-1)                # square root of -1
[1] NaN
Warning message: In sqrt(-1) : NaNs produced
```

Bunun yerine -1 + 0i kompleks değerini kullanmamız gerekmektedir.

```
> sqrt(-1+0i)
[1] 0+1i
```

1.2.4. Faktör

Bir faktör nesnesi, R'deki kategorik veri tipini temsil eder. Tek amacı renkler veya ayakkabı boyutları gibi nitel verileri temsil etmektir.

Fonksiyon faktörünü kullanarak basit veri tiplerinden faktör değerleri oluşturabiliriz.

```
> a = factor("A")
```

Aşağıdaki, nesnenin gerçekten bir faktör olduğunu onaylar.

```
> class(a)
[1] "factor"
```

Özellikle, sayılardan faktörler yaratabiliriz:

```
> x = factor(1)
> y = factor(2)
```

x ve y faktör değerleri olduğunda, işlemde hesaplamaya izin vermemektedir. Böylece toplam işleminde hatalar çıkmaktadır.

```
> x + y
```

```
[1] NA Warning message:
In Ops.factor(x, y) : + not meaningful
for factors
```

1.3. Vektör

Bir vektör aynı temel tipteki bir veri elemanları dizisidir. Bir vektördeki üyelere bileşen denir. Bununla birlikte, biz sadece burada değerleri arayacağız. İşte üç sayısal değer 2, 3 ve 5 içeren bir vektör.

```
> c(2, 3, 5)
[1] 2 3 5
```

Sonuç olarak, mantıksal değerlerin bir vektörü aşağıdaki gibidir.

```
> c(TRUE, FALSE, TRUE, FALSE, FALSE)
[1] TRUE FALSE TRUE FALSE FALSE
```

Bir vektör karakter dizeleri içerebilir.

```
> c("aa", "bb", "cc", "dd")
[1] "aa" "bb" "cc" "dd"
```

Bir vektör içindeki değer sayısını uzunluk işleviyle bulabiliriz.

```
> length(c("aa", "bb", "cc", "dd"))
[1] 4
```

1.3.1. Vektörleri Birleştirmek

Vektörler c fonksiyonu ile birleştirilebilir. Örneğin, aşağıdaki iki vektör n ve s her iki vektörün üyelerini içeren yeni bir vektör halinde birleştirilir.

```
> n = c(2, 3, 5)
> s = c("aa", "bb", "cc", "dd")
> c(n, s)
[1] "2" "3" "5" "aa" "bb" "cc" "dd"
```

1.3.2. Vektör Hesaplama

Vektör üzerindeki hesaplamalar değer bazında yapılmaktadır. Örneğin, a ve b gibi iki vektör ele alalım.

```
> a = c(1, 3, 5, 7)
> b = c(1, 2, 4, 8)
```

a'yı 5 ile çarparsak, a'daki tüm değerlerin 5 ile çarpıldığı sonucuna ulaşırız.

```
> 5 * a
[1] 5 15 25 35
```

Vektördeki a ve b değerlerinin toplamını alırsak, tüm a ve b değerlerinin ayrı ayrı toplamına eşit olmaktadır.

```
> a + b
[1] 2 5 9 15
```

Benzer şekilde, çıkarma, çarpma ve bölme işlemlerinde de vektör değerlerini kullanarak yeni vektörler elde ediyoruz.

```
> a - b
[1] 0 1 1 -1
> a * b
[1] 1 6 20 56
> a / b
[1] 1.000 1.500 1.250 0.875
```

1.4. Matrisler

Matris, iki boyutlu bir dikdörtgen düzende düzenlenmiş veri öğeleri topluluğudur. Aşağıda 2 satır ve 3 sütun içeren bir matris örneği görülmektedir.

$$A = \begin{bmatrix} 3 & 5 & 6 \\ 1 & 4 & 2 \end{bmatrix}$$

1.4.1. Matrisin Elemanları

R'de bir vektörden eş matris oluşturuyoruz. Bir matristeki elemanların hepsi aynı temel tipte olmalıdır. Varsayılan olarak, matris elemanları sütun matrisi olarak düzenliyoruz.

```
> A = matrix( + c(3, 1, 5, 4, 6, 2),
+ nrow=2)
> A
[,1] [,2] [,3]
[1,]  3   5   6
[2,]  1   4   2
```

"byrow" seçeneğini de etkinleştirerek matris öğelerini satır yönü boyunca da girebiliriz.

```
> B = matrix(
+ c(3, 1, 5, 4, 6, 2),
+ nrow=2,
+ byrow=TRUE)
> B
[,1] [,2] [,3]
[1,]  3   1   5
[2,]  4   6   2
```

1.4.2. Matrisin Yapısı

Bir matris oluşturmanın çeşitli yolları vardır.

Matrisin Tersi (Transpoze)

Aşağıdaki 3x2 matris B'yi göz önünde bulunduralım. 3 satır ve 2 sütun vardır.

```
> B = matrix(
+ c(3, 1, 5, 4, 6, 2),
+ nrow=3)
> B
[,1] [,2]
[1,]   3   4
[2,]   1   6
[3,]   5   2
```

Bir matrisin transpozisyonunu, t fonksiyonunu kullanarak sütunlarını ve satırlarını değiştirerek yaparız. Böylece B'nin transpozisyonu 2x3'lük bir matristir ve 2 sıra ve 3 sütuna sahiptir.

```
> t(B)                # transpose
[,1] [,2] [,3]
[1,]   3   1   5
[2,]   4   6   2
```

1.4.3. Matris Hesaplamaları

İki matrisin boyutları uyumlu olduğunda, onlarla çeşitli aritmetik işlemler yapmak mümkündür.

Toplama ve Çıkarma

Aynı boyutlara sahip olduklarında iki matris ekleyebilir veya çıkarabiliriz. Örneğin, A ve B' nin her ikisinin de 3x2 matris olduğunu varsayalım.

```
> A = matrix(1:6, nrow=3); A
[,1] [,2]
[1,]  1   4
[2,]  2   5
[3,]  3   6
> B = matrix(5:10, nrow=3); B
[,1] [,2]
[1,]  5  8
[2,]  6  9
[3,]  7  10
```

A ve B matrisinin toplamını hesaplayabiliriz.

```
> A + B
[,1] [,2]
[1,] 6   12
[2,] 8   14
[3,] 10  16
```

Benzer olarak iki matrisin farkını aldığımızda:

```
> A – B
[,1] [,2]
[1,] -4  -4
[2,] -4  -4
[3,] -4  -4
```

İKİNCİ BÖLÜM

NİCEL VERİLER

Sürekli veri olarak da bilinen nicel veriler, aritmetik işlemleri destekleyen sayısal verilerden oluşur. Bu bölümde bazı R araçlarının nicel veri analizi için nasıl uygulanacağını örneklerle açıklayacağız.

2.1. Frekans Dağılımı

Bir veri değişkeninin frekans dağılımı, örtüşmeyen kategorilerin bir koleksiyonunda meydana gelen verilerin bir özetidir. R kütüphanesinde yer alan hazır veri çekilerek frekans dağılımıyla ilgili uygulamalı bir şekilde bahsedelim.

"*faithful*" verisi kullanarak frekans dağılımını gösterelim. Veri, eski ABD Yellowstone Milli Parkı'ndaki fıskiyelerin gözlem sürelerinden elde edilen verilerden oluşmaktadır. RStudio'dan veri çağırılarak aşağıdaki aşamalar izlenir. İlk olarak fıskiyelerin fışkırma sürelerinin aralığı hesaplayalım.

```
> duration=faithful$eruptions
> range(duration)
[1] 1.6 5.1
```

İkinci olarak, veriyi eşit mesafeli üst üste gelmeyecek şekilde aralıklara bölelim.

```
> breaks=seq(1.5, 5.5, by=0.5)
> breaks
[1] 1.5 2.0 2.5 3.0 3.5 4.0 4.5 5.0 5.5
```

Üçüncü olarak, fıskiyelerin fışkırma sürelerini, fonksiyon kesimli yarım birim uzunluktaki alt aralıklara göre sınıflandıralım.

> duration.cut=cut(+duration, breaks, right = FALSE)

Fonksiyon ile her alt aralıktaki fışkırma sıklığını hesaplayalım.

>duration.freq=table(duration.cut)

Sonuç olarak, fışkırma süresinin frekans dağılımı:

```
> duration.freq
duration.cut
[1.5,2) [2,2.5) [2.5,3) [3,3.5) [3.5,4) [4,4.5) [4.5,5) [5,5.5)
     51      41       5       7      30      73      61       4
```

Tek bir sütun olarak göstermek istersek cbind işlevini kullanmamız gerekmektedir.

```
> cbind(duration.freq)
        duration.freq
[1.5,2)            51
[2,2.5)            41
[2.5,3)             5
[3,3.5)             7
[3.5,4)            30
[4,4.5)            73
[4.5,5)            61
[5,5.5)             4
```

2.2. Histogram

Histogram, nicel bir değişkenin frekans dağılımını grafiksel olarak gösteren paralel dikey çubuklardan oluşur. Her çubuğun alanı, her sınıfta bulunan öğelerin sıklığına orantılıdır. İlk olarak R programında paket yardımı olmadan histogram grafiğini nasıl elde edebileceğimizi görelim. Daha sonra R programı içinde bulunan kütüphaneden paket çekilerek grafiğimizi çizelim.

"*faithful*" veri seti kullanılarak histogram dağılımını R programında gösterelim.

```
> duration=faithful$eruptions
> hist(duration, # apply hist
+ right=FALSE) # closed on LEFT
```

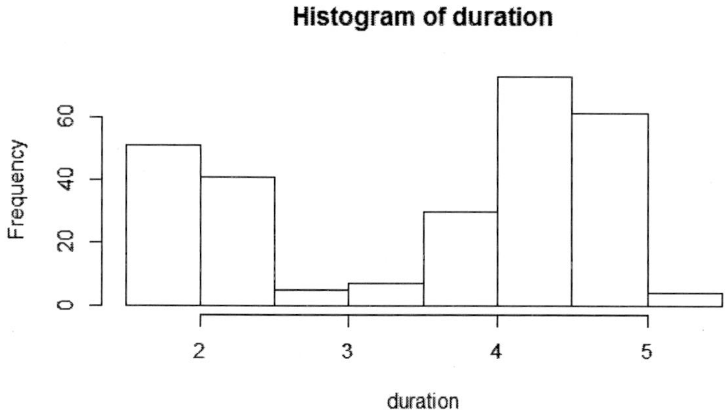

Şekil. 2.1. Histogram Grafiği

R Programında hızlı ve kolay biçimde, yaygın grafik barındırmaktadır. Yukarıdaki şekilde kod yazmanın yanı sıra en kolay yöntem R paketlerinden biri olan grafik kütüphanesi "*qqplot*" indirmektir. Grafikler siyah-beyaz olarak sonuç verse de, istenildiğinde renkli olarak da görselleştirilebilir. Tüm grafikler qqplot ve daha fazlasını "*ggplot2*" kütüphanesi ile görselleştirilebilir.

##ggplot2 Kütüphanesi: Ek bir kütüphane olarak indirip kullanılabilir olan *ggplot2* içerisinde birçok grafik türünü çeşitli görsel eklentilerini barındırmaktadır.

R Programı içinde bulunan *ggplot* kütüphanesi istatistiksel ve matematiksel açıdan yeterli olsa da görsellik bakımından ggplot2 kütüphanesi kullanımı daha yaygındır. Paket, üzerine başka paketler de yazılmasına imkan vermektedir. Örneğin, *ggthemes* paketi ile grafikleri tek satırlık bir komutla Financial Times veya Economist'te kullanılan formatlara büründürebilirken, ggnetwork paketi ile sadece grafikler değil ağ görselleştirmelerini de ggplot2 formatında yapılabilir. ggplot2'nin kendine özgü bir yapısı bulunmaktadır. Baş kısımdaki gg, "grammar of graphics" (grafiklerin dil bilgisi) anlamına gelmektedir. Bu yapının içerisinde şekiller (geometry, geom), veri sunumları (stat, stat), görseller (aesthetics, aes) ve ölçekler (scale, scale) gibi fonksiyonlar önemli yer tutmaktadır. Bu fonksiyonların içerisindeki başlıca parametreler data, x, y, fill, color, group, shape ve alphadır.

Öncelikle grafik çizmek için gerekli olan kütüphane yüklenir.

tools ----------install.packages("ggplot2")

Daha sonra kütüphaneyi aktif hale getirmek için;

>library(ggplot2)

indirilir.

R ile histogram çizimi hist fonksiyonu aracılığı ile gerçekleştirilir.

- x: Çizilmek istenen histogram için değer vektörüdür.
- breaks: Histogramın x ekseninde yer alan, ilgilenilen değişkenin gruplarının ayrılma noktalarını içeren

vektör/hesaplayan bir fonksiyon/grup sayısını belirten tek bir değerdir.

- freq: (mantıksal) Histogram True değeri için frekansları, False için olasılık yoğunluğu temsil eder.
- right: (mantıksal) True değeri için, sınıflar sağdan kapalı değer aralığı (a, b] olarak ele alınır.
- col: Sütun rengini belirler.
- labels: Sütunlar için ekstra etiket girdisi (Ör: Sütunların üstünde frekansların yazdırılması)

Histogramın kullanım şekli aşağıdaki gibidir.

```
>hist(x, breaks = "Sturges", freq = NULL, right = TRUE, col = NULL,...)
```

Yukarıdaki örnekten bağımsız olarak yaş verisinin histogram grafiğini çizecek olursak;

```
> veri<-c(5,4,2,4,12,32,12,14,18,16,15,14,3,4,21,33,25,28,25,7)
> hist(veri)
```

Komutları R programına girilerek histogram grafiği çizilebilir.

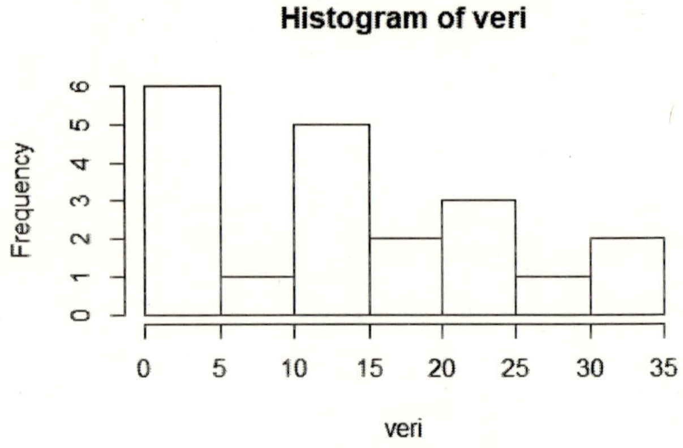

Şekil. 2.2. Histogram Grafiği

Histogram grafiğini görsel açıdan zenginleştirmek istediğimizde aşağıdaki komutlar eklenebilir.

hist(veri,xlab="Yaşlar",ylab="Frekans", main="Veri İçin Histogram Grafiği")

ya da renklendirmek istiyorsak,

> hist(veri,xlab="Yaşlar",ylab="Frekans",main="Veri İçin Histogram Grafiği")

> hist(veri,xlab="Yaşlar",ylab="Frekans",main="Veri İçin Histogram Grafiği", col="purple", labels=TRUE, freq=TRUE)

2.3. Dal-Yaprak Grafiği

Nicel bir değişkenin dal-yaprak grafiği, veri öğelerini en önemli sayısal rakamlarına göre sınıflandıran bir metinsel grafiktir. Ek olarak, grafiği basitleştirmek için sık sık her sıradaki satırı bir sonraki sıra ile birleştiririz.

"*faithful*" veri setinde, fıskiye değişkeninin dal-yaprak grafiği, aynı iki en önemli haneye sahip olan süreleri tanımlar ve bunları satırlar halinde sıralar.

```
> duration=faithful$eruptions
> stem(duration)
```

Ondalık nokta, | işaretinin solundaki 1 hanedir.

```
16 | 070355555588
18 | 000022233333335577777777888822335777888
20 | 00002223378800035778
22 | 0002335578023578
24 | 00228
26 | 23
28 | 080
30 | 7
32 | 2337
34 | 250077
36 | 0000823577
38 | 2333335582225577
40 | 0000003357788888002233555577778
42 | 03335555778800233333555577778
44 | 02222335557780000000023333357778888
46 | 0000233357700000023578
48 | 00000022335800333
50 | 0370
```

2.4. Saçılım Grafiği

Saçılım grafiği, bir veri setindeki iki nicel değişkenin değerlerini eşleştirir ve bunları Kartezyen diyagramında geometrik noktalar olarak görüntülemektedir. Bu grafik, iki değişken arasındaki ilişkinin yönü ve bağıntının tipi hakkında bilgi verir. Eğer noktalar yukarı doğru ve noktalar için çizilebilecek doğru etrafında yayılıyorsa pozitif yönlü korelasyon, yine aynı şekilde aşağı doğru bir eğilim varsa negatif yönlü bir korelasyondan bahsedilir. Eğer ki noktalar düzensiz bir biçimde doğru çizilmeksizin bir dağılıma sahipse aralarında ilişki yoktur diye ifade edilebilir.

"*faithful*" veri setindeki bekleme süresi ve fışkırma arasındaki ilişkinin saçılım grafiğini çizelim. İki değişkeni x ve y değişkeni olarak belirleyelim.

```
> duration=faithful$eruptions
> waiting=faithful$waiting
> plot(duration, waiting)
```

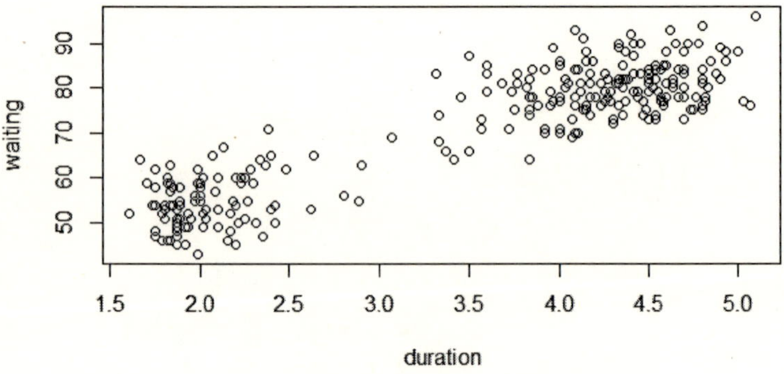

Şekil. 2.3. Saçılım Grafiği

Saçılım grafiğine göre bekleme süresi ve fışkırma arasında pozitif yönlü doğrusal bir ilişki olduğu görülmektedir.

R programında ggplot2 kütüphanesi de indirilerek saçılım grafiği çizilebilir. Örneğin; şoförün yaşı ve araba kazası arasındaki ilişkiyi saçılım grafiği ile R programında gösterelim.

Örnek olarak, Yaş-Kaza verisi kullanılsın;

> yas <-
c(12,14,16,17,18,20,21,23,25,27,28,30,33,34,35,38,38,39,40,40,41,42,42,43,44,44,45)

> araba kazası <-
c(7,8,11,13,14,15,17,18,19,19,20,22,23,24,25,26,27,28,29,30,31,32,33,34,35,36,37)

#Öncelikle yalnızca Yaş ve Kazayı içeren veri çerçevesi (Data Frame) oluşturulsun.

> yaskaza<-data.frame(yas=yas,kaza=arabakazası)

>yaskazanoktagrafigi<-
ggplot(data=yaskaza,aes(x=yas,y=kaza))+ geom_point()

> plot(yaskazanoktagrafigi)

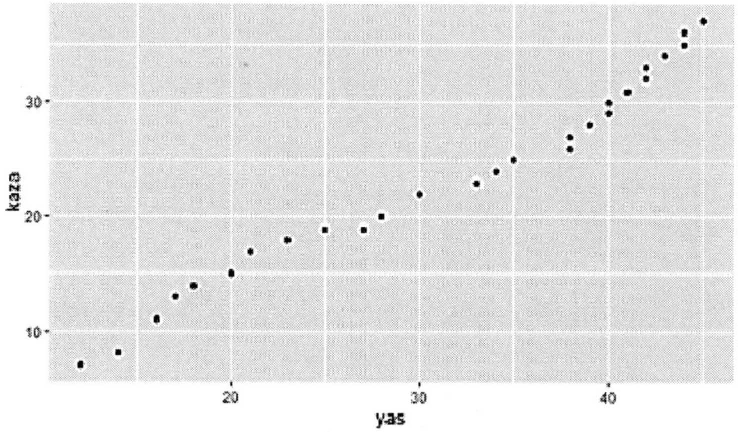

Şekil. 2.4. Saçılım Grafiği

Saçılım grafiğinde, yaş ile kaza arasında pozitif yönlü doğrusal bir ilişki olduğu görülmektedir.

2.5. Kutu-Bıyık Grafiği

Kutu grafiği dağılımları karşılaştırmak amacıyla kullanılan, verilerin medyan etrafında dağılımını, verilerin %25 ve %75'inin hangi değerler arasında yer aldığını, sapan değerler varsa bunların konumlarını belirlemeye yarayan grafiktir.

"*faithful*" veri setindeki bekleme süresi ve fışkırma arasındaki ilişkinin kutu-bıyık grafiğini çizelim.

```
> duration=faithful$eruptions
> boxplot(duration, horizontal = TRUE)
```

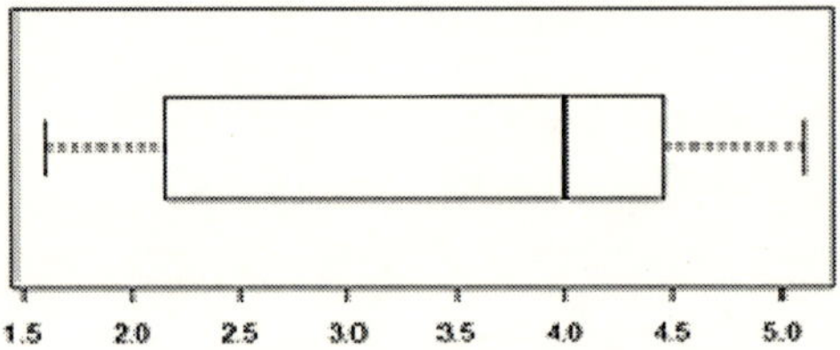

Şekil. 2.5. Kutu- Bıyık Grafiği

R içindeki hazır veri setlerine örnek olması adına popüler bir veri seti olan "*mtcars*" kullanılsın.

```
library(ggplot2)
#Veri seti içerisinde barınan mpg verileri head(mpg)
#Dolgu, renk ve alfa ile bir renk ayarlama
ggplot(mpg,aes(x=class,y=hwy))+geom_boxplot(color="r
ed",fill="orange",alpha=0.2)
#Farklı Grupların rengini ayarlama
ggplot(mpg,aes(x=class,y=hwy,fill=class))+
geom_boxplot(alpha=0.3)+theme(legend.position="none")
```

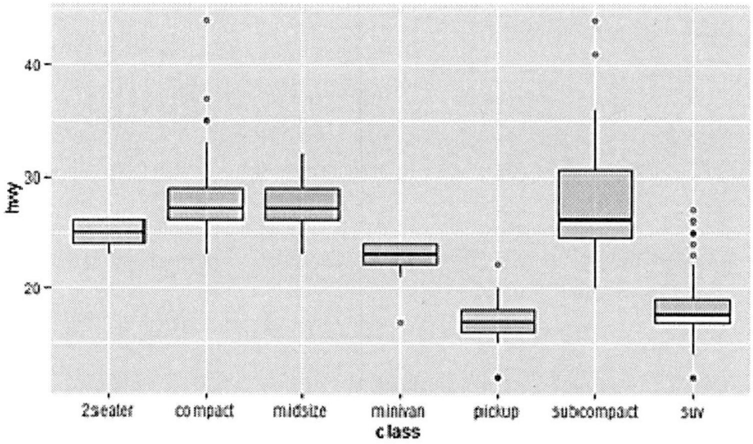

Şekil 2.6. Kutu- Bıyık Grafiği

2.6. Çizgi Grafiği

Araştırma sonuçlarından elde edilen bilgilerin çizgi ile ifade edilerek gösterilmesi ve tüm bu bilgilerin bir çizgi üzerinde kesiştiği bir grafik türüdür. Çizgi grafikleri genellikle finans, ekonomi gibi zaman serilerine veya zamana bağlı ölçeklerde kullanılır. Çizgi grafiklerinin amacı belirlenen kriter/kriterlerde değişimin ne derecede ve ne yönde olduğunu belirlemektir. Yukarıda kullandığımız Yaş-Kaza verisi, çizgi grafiği çizimi için uygun değildir. Örnek olarak dolar ve euronun (uydurulmuş veri olarak) 2003-2019 yılları arasındaki değişimi incelensin.

```
>Yıllar<-
c(2003,2004,2005,2006,2007,2008,2009,2010,2011,2012,2013,2
014,2015,2016,2017,2018,2019)
>Euro<-
c(2.11,2.12,2.30,2.40,2.45,2.50,2.60,2.61,2.80,3.00,3.01,2.98,2.7
0,2.65,2.75,2.87,6.20)
```

```
>Dolar<-
c(1.7,1.72,1.75,1.76,1.80,1.78,1.75,1.78,1.82,1.85,1.86,1.86,1.87,
1.90,1.95,1.92,5.40)
>Lira<-
c(1.1,1.12,1.15,1.16,1.20,1.28,1.15,1.18,1.22,1.25,1.26,1.26,1.27,
1.30,1.25,1.22,1.30)
```

#Öncelikle tüm veriyi içeren bir veri çerçevesi (Data Frame) oluşturulsun.

```
> finans<-data.frame(Yıl=Yıllar,Euro=Euro,Dolar=Dolar)
>finansgrafik<-ggplot(data=finans,aes(x=Yıl)) +
geom_line(aes(y=Dolar,color="Dolar")) +
geom_line(aes(y=Euro,color="EURO"))
>plot(finansgrafik)
```

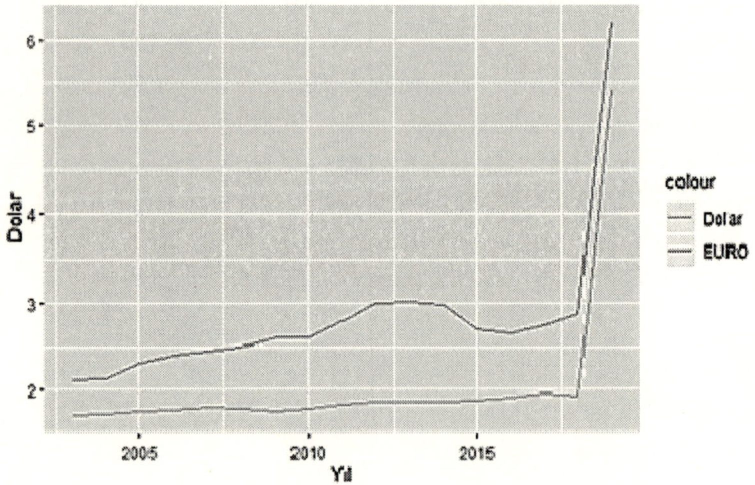

Şekil 2.7. Çizgi Grafiği

Yapılan çizgi grafiği sonucunda; Dolar'ın daha düz bir seyir izlediği ancak Euro'nun Dolar'a göre daha hızlı fiyat değişikliğine yol açtığı bu nedenle Dolar'a olacak yatırım daha güvenilirken, Euro yapılacak yatırım sezgisel olarak daha riskli olacaktır.

2.7. P-P ve Q-Q Grafiği

Değişkenlerin normal dağılıma sahip olup olmadığını ortaya koymak amacıyla P-P ve Q-Q grafiği kullanılarak verilerin hangi dağılımdan geldiği belirlenir.

P-P (probability-probability) grafiği değişkenin dağılımının persantillerini test ederken, Q-Q (quantile-quantile) grafiği ise, değişkenin dağılımının kartillerini test etmektedir. Eğer değişkenin dağılımı ile test edilen dağılım aynı ise P-P ve Q-Q grafiğinde de gözlenen değerler doğru üzerinde olacaktır.

R programına veri girişi yapılarak, Q-Q grafiğini nasıl elde edeceğimizi görelim.

```
>veri=
read.csv("http://www.barissanli.com/calismalar/dersler/r/elektrik
-talep.csv", header=TRUE,sep=";",dec=".")
> head(veri)
  gun ay  yil haftagunu haftano haftano2      HDD CDD ortala-
ma_tuketim
1   1  1 2007         1       1        1 15.44210   0          15431
2   2  1 2007         2       1        1 13.15505   0          16015
3   3  1 2007         3       1        1 10.53980   0          17113
4   4  1 2007         4       1        1 12.16910   0          20501
5   5  1 2007         5       1        1 13.92670   0          21222
6   6  1 2007         6       1        1 14.00450   0          20575
```

	puant_tuketim	gunluk_tuketim	ortalama_sicaklik	mak_sicaklik
1	18024	370344	2.55790	7.2991
2	18743	384360	4.84495	10.7012
3	20318	410712	7.46020	11.9505
4	25157	492024	5.83090	8.2175
5	24899	509328	4.07330	7.0497
6	23866	493800	3.99550	7.6020

```
> qqnorm(veri$ortalama_tuketim)
> qqline(veri$ortalama_tuketim)
```

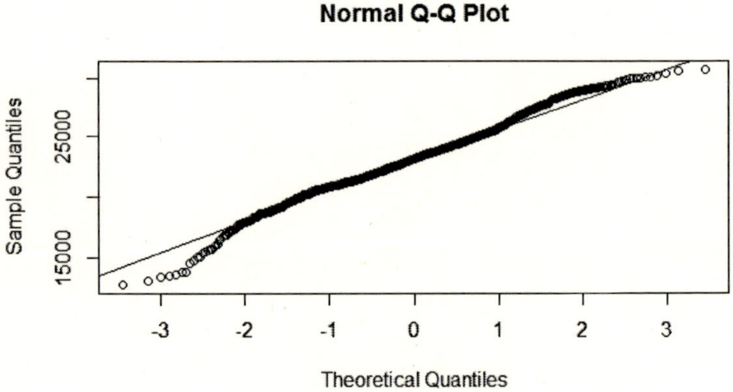

Şekil 2.8. Q-Q Grafiği

Grafikte görüldüğü üzere, gözlenen değerler doğru üzerinde yer aldığı için elektrik için ortalama tüketim değişkeninin normal dağıldığı söylenebilir.

ÜÇÜNCÜ BÖLÜM

NİTEL VERİLER

Nitel veriler kategorik veri olarak adlandırılmaktadır. Nitel veriler sayılamayan, şıkları sayıyla ifade edilemeyen değişkenler adlandırılır. En yaygın olan örnekler; cinsiyet, medeni durum, eğitim durumu gibi.

Nitel veri örneği için kullanacağımız veri seti, "*painters*" adlı bir R yerleşik veri çerçevesine dayanmaktadır. Adından da anlaşılacağı gibi, on sekizinci yüzyıl klasik ressamların teknik bilgilerinin bir derlemesidir. Veri seti, genellikle R çalışma alanına önceden yüklenmiş olan MASSpackage'a aittir.

```
> library(MASS)
> head(painters)
```

```
              Composition Drawing Colour Expression School
Da Udine               10       8     16          3      A
Da Vinci               15      16      4         14      A
Del Piombo              8      13     16          7      A
Del Sarto              12      16      9          8      A
Fr. Penni               0      15      8          0      A
Guilio Romano          15      16      4         14      A
```

Veri kümesindeki son sütun, her ressamın okul bilgilerini içermektedir. Okullar A, B,... vb. olarak adlandırılır. Okul sütunu bu nedenle nitel ve faktör değerlerinden oluşur.

```
> painters$School
[1] A A A A A A A A A A B B B B B B C C C C C C D
D D D D D D D D D E E E E E E E F
[41] F F F G G G G G G G H H H H
Levels: A B C D E F G H
```

3.1. Frekans Dağılımı

Bir veri değişkeninin frekans dağılımı, örtüşmeyen kategorilerdeki veri oluşumunun bir özetidir.

"*painters*" veri setindeki okul değişkeninin frekans dağılımını gösterelim.

```
> Scholl=painters$School
> School=painters$School
> School.freq= table(School)
> School.freq
School
A  B  C  D  E  F  G  H
10  6  6 10  7  4  7  4
```

Eğer verileri tek bir sütun olarak görmek istiyorsak, cbind işlevini kullanmamız gerekmektedir.

```
> cbind(School.freq)
School.freq
A        10
B         6
C         6
```

D	10
E	7
F	4
G	7
H	4

3.2. Çubuk Grafiği

Çubuk grafiği, frekans dağılımını grafiksel olarak gösteren dikey paralel çubuklardan oluşur. Kategorik verilerin grafiklerinin çizilmesinde yararlanılır. Çubuklar arasında kategorik değişkenin özelliğini yansıtan aralık bulunmaktadır. İlk olarak R programında komut yazarak çubuk grafiğini çizelim.

"*painters*" veri setinden ressam okullarının çubuk grafiğini çizelim.

```
> Scholl=painters$School
> School.freq= table(School)
> barplot(School.freq)
```

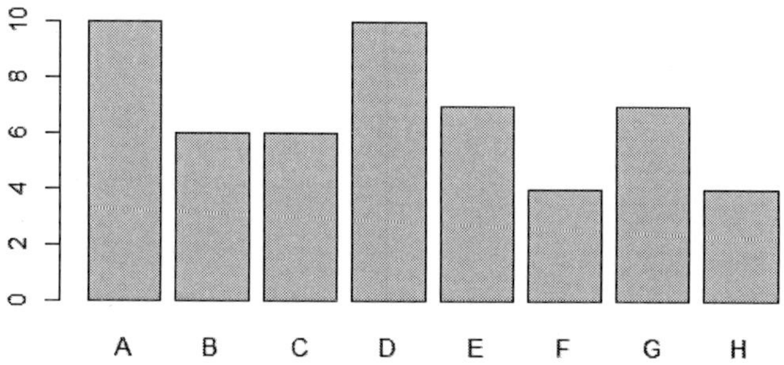

Şekil. 3.1. Çubuk Grafiği

Ayrıca ggplot2 kütüphanesini kullanarak da çubuk grafiği çizebiliriz.

Öncelikle install.packages("gapminder") indirelim.

Sonra library(gapminder) yazarak kütüphaneyi etkinleştirelim.

```
>tr_isim<-
c("ülke","kıta","yıl","yaşam_süresi","nüfus","kişi_başı_milli_gel
ir")

>colnames(gapminder) <- tr_isim

>View(gapminder)

>ggplot(gapminder, aes(yıl, yaşam_süresi, fill =
kıta))+geom_col()
```

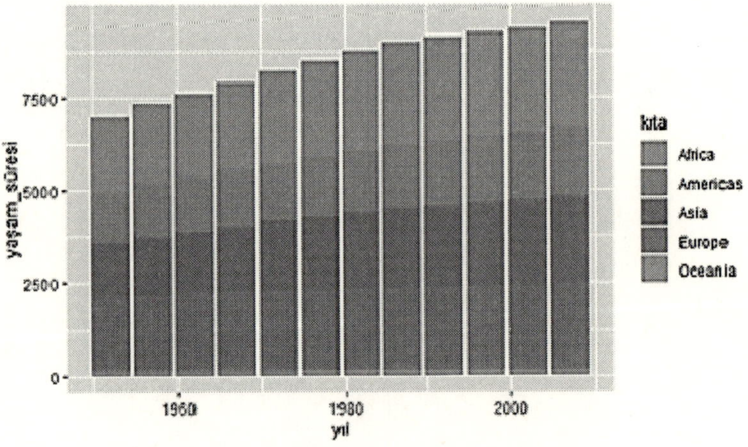

Şekil. 3.2. Çubuk Grafiği

3.3. Daire Grafiği

Nitel veri için çizilen pasta grafiği, frekans dağılımını grafiksel olarak gösteren daire dilimleridir. Eldeki verilerin daire dilimleri biçiminde sunulmasına daire grafiği denir. Değişkenlerin bir bütün içerisindeki oranları, yüzde veya merkez

açı ölçüleri gösterilerek hazırlanır. Her bir dilimin içine veya dilimin yakınındaki bir yere, o değişkenin adı ve yüzdelik dilimi yazılır.
"*painters*" veri setinden ressam okullarının daire grafiğini çizelim.

```
> Scholl=painters$School
> School.freq= table(School)
> pie(School.freq)
```

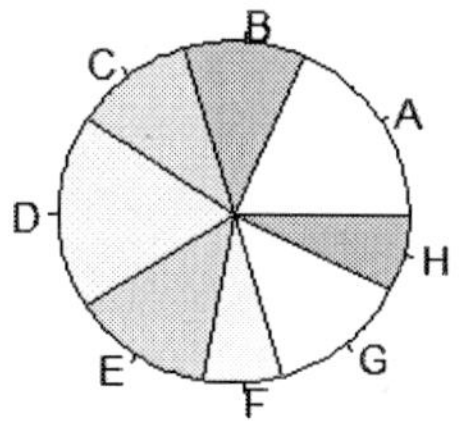

Şekil. 3.3. Daire Grafiği

Örneğin, bir ülkedeki partilerin seçimlerde A,B ve C partilerinin aldıkları oy oranları gösterilmek istensin:

```
#Öncelikle veri bilgilerini ele alalım:
>Oy <-c(60,29,4,2)
>Kisi <- c("A Kişisi","B Kişisi","C Kişisi","Geçersiz")
#Bir veri çerçevesi (data.frame()) oluşturulsun
>Oran <- data.frame(Kisi=Kisi,Oran=Oy)
>ggplot(data=Oran,aes(x="",y=Oy,fill=Kisi)) +
geom_bar(stat="identity",width=1) +
coord_polar("y",direction=-1) + theme_void()
```

```
>geom_text(aes(label =
paste0("%",round(#,4)*100),y="#",x=1.1),size=6,angle=0) +
labs(fill="")
```

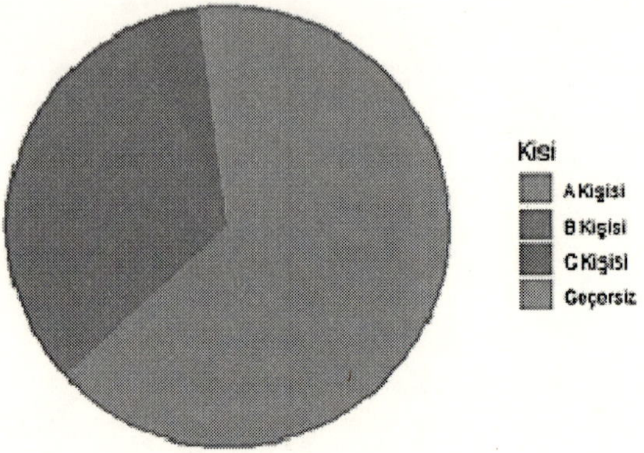

Şekil. 3.4. Daire Grafiği

DÖRDÜNCÜ BÖLÜM

BETİMSEL İSTATİSTİKLER

Kolektif olaylara ilişkin verileri toplamak, toplanan verileri işleyip düzenlemek, düzenlenmiş verileri tablolar ve/veya grafikler şeklinde sunmak ve nihayet kolektif olayların eğilimini ortaya çıkarmak betimsel istatistiğin konularını oluşturur (Serper, 2010).

4.1. Ortalama

İstatistikte tek bir seriyi temsil etmeye ve özetlemeye yarayan tek bir rakama ortalama denir. Aralıklı ölçek için uygun olan ortalama, toplam değerlerin değer sayısına bölünmesiyle hesaplanır. Ortalama formülü aşağıdaki gibidir:

$$\overline{X} = \frac{\Sigma X}{n}$$

"*faithful*" verisindeki fıskiyelerin fışkırma süresinin ortalamasını R programında hesaplayalım.

```
> duration=faithful$eruptions
> mean(duration)
[1] 3.487783
```

Analiz sonucunda ortalama yaklaşık 3.5 dakika olduğu sonucuna varılmıştır.

4.2. Medyan

Bir gözlenen değişkenin medyanı, veriler artan bir şekilde sıralandığında ortadaki değerdir. Veri değerlerinin merkezi konumunun sıralı bir ölçüsüdür. Aykırı ve uç değerlerden etkilenmemektedir. Bir dizide medyan, dizideki orta değeri çoğu zaman ortalamadan daha iyi temsil eder.

"*faithful*" verisini kullanarak fıskiyelerin fışkırma süresinin medyan değerini R'da hesaplayalım.

```
> duration=faithful$eruptions
> median(duration)
[1] 4
```

Fışkırma süresinin medyan değeri 4 bulunmuştur.

4.3. Değişim Aralığı

Bir gözlem değişkeninin aralığı, en büyük ve en küçük veri değerlerinin farkıdır. Verilerin değer olarak ne kadar dağıldığının bir ölçüsüdür. Dağılımda bir değişkenlik söz konusu değilse, değişim aralığı 0 olur.

"*faithful*" verisini kullanarak fıskiyelerin fışkırma süresinin değişim aralığı değerini hesaplayalım.

```
> duration=faithful$eruptions
> max(duration)-min(duration)
[1] 3.5
```

Fışkırma süresinin değişim aralığı 3,5 bulunmuştur.

4.4. Kartillerarası Fark

Bir serideki üçüncü kartil ve birinci kartil arasındaki fark olarak tanımlanır.

"*faithful*" verisini kullanarak fıskiyelerin fışkırma süresinin kartillerarası fark değerini hesaplayalım.

> duration=faithful$eruptions

> IQR(duration)

[1] 2.2915

Kartilerarası fark değeri yaklaşık 2.3 dakikadır.

4.4 Varyans

Varyans veri setinin nasıl dağıldığını göstermektedir. Karesi alınmış standart sapma değeridir. Bu nedenle varyans her zaman pozitif değer alır. Varyans değeri arttıkça, dağılımın büyük olduğu anlaşılır. Varyans formülü aşağıdaki gibidir:

$$S^2 = \frac{\Sigma\left(X - \overline{X}\right)^2}{n-1}$$

"*faithful*" verisini kullanarak fıskiyelerin fışkırma süresinin varyans değerini hesaplayalım.

> duration=faithful$eruptions

> var(duration)

[1] 1.302728

Varyans değeri 1,3'dür.

4.6. Standart Sapma

Standart sapma, verilerin ortalama etrafında nasıl dağıldığını gösterir. Standart sapma, ortalamadan uzaklıkların ortalama değeridir. Herhangi bir dağılımda gözlem değerlerinin birbirlerinden olan uzaklıkları arttıkça standart sapma büyür, azaldıkça standart sapmak küçülür. Standart sapma formülü aşağıdaki gibidir:

$$S = \sqrt{\frac{\Sigma\left(X - \overline{X}\right)^2}{n}}$$

"*faithful*" verisini kullanarak fıskiyelerin fışkırma süresinin standart sapma değerini hesaplayalım.

> duration=faithful$eruptions

> sd(duration)

[1] 1.141371

Standart sapma değeri 1,14'dür.

4.7. Çarpıklık

Çarpıklık değeri dağılımın şekli hakkında bilgi verir. Tamamen simetrik olan bir dağılımın çarpıklık değeri 0'dır.

Dağılımın sol kuyruğu sağ kuyruğuna nazaran uzun olduğunda çarpıklık değerinin sıfırdan küçük çıkması olasıdır. Bu tür dağılımlar sola çarpık veya negatif çarpık olarak isimlendirilir. Bu tür dağılımlarda medyan ortalamadan yüksektir.

Dağılımın sağ kuyruğu sol kuyruğuna nazaran uzun olduğunda çarpıklık değerinin sıfırdan büyük hesaplanması tipiktir. Bu tür dağılımlar sağa çarpık veya pozitif çarpık olarak isimlendirilir. Bu tür dağılımlarda medyan ortalamadan küçüktür.

Örneklem için çarpıklık değeri *moments* paketinde yer alan *skewness* fonksiyonu ile hesaplanabilir.

$$\text{çarpıklık} = \frac{3\left(\overline{X} - Medyan\right)}{s}$$

```
> #çarpıklık hesapla
> library(moments)
> set.seed(1234)
> skewness(rnorm(1000))
[1] -0.005202026
```

Çarpıklık değeri -0,005 olarak bulunmuştur.

4.8. Basıklık

Basıklık değeri dağılımın şekli hakkında bilgi verir. Normal bir dağılımın Pearson basıklık değeri 3'tür. Eşitlik basıklık değerinin hesaplanışını gösterir.

$$\alpha^4 = \frac{\mu_4}{s^4}$$

Eşitlik sıfırdan küçük değerler vermez. 0 ile 3 arasında yer alan değerler genellikle düz dağılımlarda, örneğin tekdüze dağılımlarda hesaplanır. Uzun kuyruklu dağılımlarda 3'ten büyük değerler görülebilir. Alan yazında yorumu kolaylaştırmak için Eşitlik'ten 3 çıkarıldığı durumlar mevcuttur.

Örneklem için Pearson basıklık değeri *moments* paketinde yer alan *kurtosis* fonksiyonu ile hesaplanabilir.

```
> #basıklık hesapla
> library(moments)
> set.seed(1234)
> kurtosis(rnorm(1000))
[1] 3.241962
```

Basıklık değeri 3,24 bulunmuştur.

4.9. Summary (Özet) Komutu

R Programında verileri özetlemek adına geliştiren "*summary*" komutu ham veri hakkında betimsel istatistikleri vermektedir ancak yinede tüm bilgilere erişmek için ayrı ayrı değerlere bakılması gerekmektedir. Belirtilen fonksiyon yazılıp "enter" tuşuna basıldığında R dosyada bulunan tüm değişkenlere ilişkin en küçük ve en büyük değerleri, birinci ve üçüncü çeyreklikleri, medyan ve aritmetik ortalama değerlerini verir.

"*faithful*" verisini kullanarak fıskiyelerin fışkırma süresinin özet değerlerini hesaplayalım.

```
> duration=faithful$eruptions
> summary(duration)
   Min. 1st Qu.  Median    Mean 3rd Qu.    Max.
  1.600   2.163   4.000   3.488   4.454   5.100
```

Verinin ortalaması 3.48, medyanı 4, min değeri 1.6 ve maksimum değeri 5.1 olduğu sonucuna ulaşılmıştır.

4.10.Describe (Tanımlayıcı) Komutu

Bu fonksiyon ile dosyada bulunan tüm değişkenlere ilişkin aritmetik ortalama, medyan, standart sapma, basıklık ve çarpıklık katsayıları gibi bazı temel betimsel istatistikler üretilir. Ancak bu fonksiyonun kullanılması için *psych* paketinin indirilmesi gerekmektedir. Örnek bir fonksiyon ve çıktısı aşağıda verilmiştir. "*faithful*" verisini kullanarak fıskiyelerin fışkırma süresinin özet değerlerini hesaplayalım.

```
> install.packages("psych")
> library(psych)
> duration=faithful$eruptions
```

```
> describe(duration)
   vars   n mean   sd median trimmed  mad min max range  skew kurtosis   se
X1    1 272 3.49 1.14      4    3.53 0.95 1.6 5.1   3.5 -0.41    -1.51 0.07
```

Analiz sonucunda, verinin ortalaması 3.49, standart sapma değeri 1.14, medyan değeri 4, çarpıklık değeri -0.41 ve basıklık değeri ise -1.51 olarak bulunmuştur.

BEŞİNCİ BÖLÜM

T –TESTİ

Araştırmacılar, gözlemlenen örneklem verilerinin ölçümlerine dayanan hipotezleri reddeder veya reddetmez. Karar süreci genellikle araştırmacıların test hatalarının olasılığını tahmin etmelerini sağlayan hipotez testi olarak bilinen istatistiksel bir yaklaşıma dayanmaktadır.

I. tip hata, H_0 yanlış iken, reddedilemez olduğu durumda meydana gelir. I. tip hata işleme olasılığı, bir hipotez testinin anlamlılık düzeyi olarak adlandırılır ve α tipi hata olarak ifade edilir. Bununla birlikte H_0 doğru iken reddedilir ise bu kez II. tip hata(Beta tipi hata) yapılmış olur.

5.1. Bağımsız İki Örneklem t- Testi

Örneklemler ilişkisiz ve birbirlerini etkilemiyorsa bağımsız örneklemlerden söz edilir. Ana kütlenin normal dağıldığı varsayımı altında, bağımsız iki örneklem t-testi örneklem ortalamaları arasındaki farkın istatistiksel olarak anlamlılığını sınamaktadır.

Veri seti "*mtcar*" da, *mpg* veri çerçevesi sütununda 1974 yılındaki ABD'deki çeşitli otomobillerin gaz kilometre istatistiklerini içermektedir.

```
> mtcars$mpg
 [1] 21.0 21.0 22.8 21.4 18.7 18.1 14.3 24.4 22.8 19.2 17.8 16.4 17.3 15.2 10.4 10.4
[17] 14.7 32.4 30.4 33.9 21.5 15.5 15.2 13.3 19.2 27.3 26.0 30.4 15.8 19.7 15.0 21.4
```

Bir diğer sütunda da otomobilin türü (0=otomatik, 1=manuel) gösterilmektedir.

```
> mtcars$am
 [1] 1 1 1 0 0 0 0 0 0 0 0 0 0 0 0 0 0 1 1 1 0 0 0 0 0 1 1 1 1 1 1 1
```

Manuel ve otomatik şanzıman için kullanılan gaz kilometrelerini iki bağımsız veri olarak ele alabiliriz. İki tür şanzımanın ortalamaları arasındaki farkın %95 güven düzeyine göre istatistiksel olarak anlamlı olup olmadığını analiz edelim.

```
> L = mtcars$am == 0
> mpg.auto = mtcars[L,]$mpg
> mpg.auto
 [1] 21.4 18.7 18.1 14.3 24.4 22.8 19.2 17.8 16.4 17.3 15.2 10.4 10.4 14.7 21.5 15.5
[17] 15.2 13.3 19.2
```

L fonksiyonunun tersi alınarak manuel şanzımanın verilerini bulabiliriz.

```
> mpg.manual = mtcars[!L,]$mpg
> mpg.manual
 [1] 21.0 21.0 22.8 32.4 30.4 33.9 27.3 26.0 30.4 15.8 19.7 15.0 21.4

> t.test(mpg.auto, mpg.manual)

        Welch Two Sample t-test

data:  mpg.auto and mpg.manual
t = -3.7671, df = 18.332, p-value = 0.001374
alternative hypothesis: true difference in means is not equal to 0
95 percent confidence interval:
 -11.280194  -3.209684
sample estimates:
mean of x mean of y
 17.14737  24.39231
```

Analiz sonucuna göre, ortalamalar arasındaki fark istatistiksel olarak anlamlıdır. Ortalama gaz kilometresindeki farkın % 95 güven aralığına göre değeri, 3,21 ile 11,28 mpg arasındadır.

5.2. Bağımlı İki Örneklem t- Testi

Birbiriyle ilişkili iki örneklem ortalaması arasındaki farkın anlamlı olup olmadığını test etmek amacıyla bağımlı iki örneklem t-testi hesaplanmaktadır. Genellikle deney öncesi ve deney sonrası ortaya çıkan sonuçları analiz etmektedir.

Örneğin, bir diyet sürecine ait diyet öncesi ve diyet sonrası elde edilen verilerin arasındaki farklılığın incelenmesi istendiğinde analiz R programında aşağıdaki sonuçlar elde edilir.

```
> #veri bilgileri
> #Bir diyet sürecine ait öncesi ve sonra elde edilen verilerin arasındaki farkın incel
enmesi
> diyetoncesi<-c(97,62,80)
> diyetsonrası<-c(67,61,66)
> t.test(diyetoncesi,diyetsonrası,paired=TRUE)

        Paired t-test

data:  diyetoncesi and diyetsonrası
t = 1.7886, df = 2, p-value = 0.2156
alternative hypothesis: true difference in means is not equal to 0
95 percent confidence interval:
 -21.08418  51.08418
sample estimates:
mean of the differences
                     15
```

Analiz sonucunda, p değeri 0.05’den büyük olduğundan H_0 hipotezi reddedilemez. Ek olarak iki grup arasındaki farkın mutlak değerce 2 değer büyüdüğü gözlemlenmiştir. Diyet yapmanın etkili olduğu söylenebilir.

ALTINCI BÖLÜM

PARAMETRİK OLMAYAN TESTLER

Örneklem dağılımı veya örneklem büyüklüğü hakkında herhangi bir varsayıma dayanmayan dağılım olması durumunda parametrik olmayan testler uygulanmaktadır.

Bu durumun aksine parametrik yöntemlerde, verilerin normal dağılması ve örneklem büyüklüğünün yeterince olması gerekmektedir.

Genel olarak, parametrik olmayan yöntemlerden elde edilen sonuçlar parametrik yöntemler kadar güçlü değildirler. Bununla birlikte, parametrik olmayan yöntemler daha az varsayımda bulunduğundan, daha esnek, daha sağlam ve nitel verilere uygulanabilir.

6.1. İşaret Testi

Binom dağılımına sahip olan bir örneklemin eşit başarı ve başarısızlık şansına sahip olup olmadığına karar vermek için işaret testi kullanılır.

Örneğin, bir çikolata firması yeni bir çikolata piyasaya sunmak istemektedir. Mevcuttaki çikolatası kadar beğenilip beğenilmediğini öğrenmek istemektedir. Bu amaçla, araştırma departmanı 20 katılımcıya tadım testi yapmıştır. Her katılımcı kendi görüşünü vermeden önce her iki çikolatayı da rastgele sırayla denemektedir. Katılımcılardan 6'sı yeni çikolatanın tadını eskisine tercih ettiği ortaya çıkmıştır. 0,05 anlamlılık düzeyinde iki çikolatanın da sevildiği fikrini reddedebilir miyiz?

H_O hipotezi çikolataların eşit derecede sevildiğini ortaya koymaktadır.(p=0,1153) p değeri 0,05 anlamlılık düzeyinden büyük olduğu için sıfır hipotezini reddedemiyoruz.

```
> binom.test(6, 20)

        Exact binomial test

data:  6 and 20
number of successes = 6, number of trials = 20, p-value = 0.1153
alternative hypothesis: true probability of success is not equal to 0.5
95 percent confidence interval:
 0.1189316 0.5427892
sample estimates:
probability of success
                   0.3
```

6.2. Wilcoxon İşaretli Sıralar Testi

Bağımlı örneklem t-testinin parametrik olmayan karşılığıdır. Bağımlı örneklem t-testinin kullanımının mümkün olmadığı durumlarda geçerli sonuçlar ortaya koyan bir testtir. Aynı veri kaynağından elde edilmiş olan iki ölçüm sonuçları arasında farklılık olup olmadığını test eder. Tekrarlanan değerler için kullanılmaktadır. Araştırmaya konu örneklem iki durumda ya da iki farklı koşulda ölçülüyorsa, Wilcoxon Signed Rank Testi kullanılabilir.

Örneğin; 7 bireye ait Diyet Öncesi ve Diyet Sonrası ölçümlerden oluşan veri setinde, kilolar arasında anlamlı bir fark olup olmadığını araştıralım. Yani bu bireylere uygulanan diyet etkili midir?

```
> #Veri Bilgileri
> #Bir diyet sürecine ait öncesi ve sonrası bilgileri ile kilolar arasındaki farkın inc
elenmesi
> diyetoncesi <- c(97,62,80,68,73,75,61)
> diyetsonrasi<- c(67,61,66,70,46,73,43)
> wilcox.test(diyetoncesi,diyetsonrasi)

        Wilcoxon rank sum test with continuity correction

data:  diyetoncesi and diyetsonrasi
W = 38, p-value = 0.09596
alternative hypothesis: true location shift is not equal to 0

Warning message:
In wilcox.test.default(diyetoncesi, diyetsonrasi) :
  cannot compute exact p-value with ties
```

Analiz sonucunda, anlamlılık değeri p=0.0953'dür. p değeri %5 anlamlılık değerinden büyük olduğu için bireylerin Diyet Öncesi kiloları ile Diyet Sonrası kiloları arasında anlamlı bir farklılık yoktur. Diyetin, bireyler üzerinde olumlu etkisi olmadığı görülmüştür.

6.3. Mann-Whitney U Testi

Verilerin aynı örneklemden gelip gelmediğini incelemek için kullanılan bir parametrik olmayan istatistik testidir. Wilcoxon-Mann-Whitney testi olarak da bilinmektedir.

Örneğin, 9 Kız ve 12 Erkek toplamda 21 bireyin aylık harcamalarının cinsiyete göre farklılık olup olmadığını araştıralım.

```
> #Veri Bilgileri
> cinsiyet<- c(1,1,1,1,1,1,1,1,1,2,2,2,2,2,2,2,2,2,2,2)
> harcama<- c(13.000,2.000,19.500,5.500,13.000,16.500,3.500,1.000,15.000,10.500,18.000,
5.500,21.000,16.500,9.000,7.500,3.500,7.500,19.500,13.000,10.500)
> wilcox.test(cinsiyet,harcama)

        Wilcoxon rank sum test with continuity correction

data:  cinsiyet and harcama
W = 22.5, p-value = 3.766e-07
alternative hypothesis: true location shift is not equal to 0

Warning message:
In wilcox.test.default(cinsiyet, harcama) :
  cannot compute exact p-value with ties
```

Analiz sonucunda, kızlar ile erkeklerin harcama miktarları arasında anlamlı bir farklılık yoktur ya da harcama miktarı Kız ile Erkek bireylerde farklılık göstermektedir (p>0,05).

6.4. Kruskal-Wallis H Testi

Parametrik olmayan tek yönlü varyans analizi yöntemidir. K (K>2) bağımsız örneğin X puanlarının dağılımının benzer medyan değerli toplumların rastgele örnekleri olup olmadığını test etmek için kullanılır. Bu testte verilerin en azından eşit aralıkla ölçülmüş olması gerekir.

Örneğin, 20 öğrenciye mezun olduklarında iş hayatlarından umutlu olup olmadıkları hakkında bir soru yöneltilmiş ve 1-10 arasında değerlendirmeye tabi tutulmuş olsun. Üç farklı bölümden olan bu öğrencilerin gelecek beklentileri arasında anlamlı bir farklılık olup olmadığını inceleyelim.

```
> #Veri Bilgileri
> beklenti<- c(7,8,9,6,5,8,7,4,8,9,8,7,9,6,7,8,6,9,5,4)
> bölüm<- c(1,1,1,1,1,1,1,2,2,2,2,2,2,3,3,3,3,3,3,3)
> kruskal.test(beklenti,bölüm)

        Kruskal-Wallis rank sum test

data:  beklenti and bölüm
Kruskal-Wallis chi-squared = 1.732, df = 2, p-value = 0.4206
```

Sonuç olarak bölümler arası gelecek beklentisi açısından anlamlı farklılık yoktur ve H_0 hipotezi reddedilmemiştir ($p>0,05$).

YEDİNCİ BÖLÜM

Kİ-KARE BAĞIMSIZLIK TESTİ

Bir değişkenin olasılık dağılımı bir başkasının varlığından etkilenmiyorsa, iki rastgele değişkenin x ve y'nin bağımsız olduğu söylenir.

f_{ij}'in, hem x'in xinci kategorisinde hem de y'nin j-inci kategorisinde yer alan olayların gözlemlenen sıklık sayısının olduğunu varsayalım. Eğer x ve y bağımsızsa, e_{ij}'in karşılık gelen beklenen frekans sayısı olduğunu varsayalım. Bağımsızlık varsayımının sıfır hipotezi, eğer ki-kare test istatistiğinin p-değeri, anlamlılık düzeyi olan α'dan küçükse reddedilecektir.

$$\chi^2 = \sum_{i,j} \frac{\left(f_{ij} - e_{ij}\right)^2}{e_{ij}}$$

Kullanacağımız veri setinde duman sütunu sigara içme alışkanlığını, egzersiz sütunu ise egzersiz düzeyini göstermektedir. Sigara içme alışkanlığının kategorileri ağır(heavy), düzenli (regularly), ara sıra (occasionally), asla(never), egzersiz düzeyi sık sık (frequently), biraz (some), hiç (none). Öğrencilerin sigara içme alışkanlıklarına karşın egzersiz düzeylerinin arasındaki ilişki kontenjans tablosuyla gösterelim.

```
> library(MASS)
> tbl=table(survey$Smoke,survey$Exer)
> tbl # contingency table

       Freq None Some
Heavy     7    1    3
Never    87   18   84
Occas    12    3    4
Regul     9    1    7
```

Sigara içme alışkanlığı olan öğrencilerin egzersiz düzeylerinden 0.05 anlamlılık düzeyinde bağımsız olup olmadıklarına dair hipotezi test edelim.

```
> chisq.test(tbl)

        Pearson's Chi-squared test

data:  tbl
X-squared = 5.4885, df = 6, p-value = 0.4828
```

Ki-kare testi sonucunda, p değeri 0.4828, 0.05 anlamlılık seviyesinden büyük olduğu için, sigara içme alışkanlığının öğrencilerin egzersiz seviyesinden bağımsız olduğu konusundaki sıfır hipotezini reddetmiyoruz.

SEKİZİNCİ BÖLÜM

ÇOK DEĞİŞKENLİ NORMAL DAĞILIM

Çok değişkenli normal dağılımı sınamak için tek değişkenli normal dağılımda grafikler aracılığıyla normallik test edilirken, çoklu normal dağılımda ise az sayıda test tarafından analiz edilmektedir. Normallik varsayımının sağlanıp sağlanmadığını araştırmak amacıyla Mardia'nın çarpıklık ve basıklık testi yaygın olarak kullanılmaktadır. R programında ise *MVN* paketi kullanılarak normallik test edilmektedir. Kitabımızdaki iki ilacın kalp atışları üzerindeki etkilerini inceleyen araştırma verilerini kullanarak R programımda çok değişkenli normallik sınaması yapacağız.

```
> install.packages("MVN")
>library(MVN)
>fit <- manova(cbind(time1,time2,time3,time4) ~ group,
data=hrate)
>resid<-data.frame(residuals(fit))
> result<-mvn(resid[1:4])
> result
```

```
$multivariateNormality
               Test           Statistic           p value Result
1 Mardia Skewness   11.0781437381232 0.944170786992267    YES
2 Mardia Kurtosis -1.33633072560668 0.181441197944527    YES
3             MVN               <NA>              <NA>    YES
```

Yapılan çok değişkenli normallik analizine göre, veri normal olarak dağılmaktadır sonucuna ulaşılmıştır.

YEDİNCİ BÖLÜM

VARYANS ANALİZİ

7.1. Tek Yönlü Varyans Analizi (One-Way ANOVA)

Bağımsız iki örneklem t testinin genelleştirilmiş halidir. Bağımlı ve bağımsız değişkenden oluşan analizde, bağımsız değişkenin üç veya daha fazla kategoriye sahip olması gerekmektedir. Varyans analizinde gruplar ele alınarak, aralarında bir fark bulunup bulunmadığı ortaya konulmaktadır. Tek bir bağımsız değişken olması durumunda, tek yönlü varynas analizi yapılmaktadır.

R kütüphanesinin içinde bulunan "*InsectSprays*" verisini kullanarak tek yönlü varyans analizi sonuçlarını ortaya koyacağız. Veri setinde her spreylemeden sonra tarlada bulunan böcek sayısında bir fark olup olmadığını görmek için 6 farklı böcek spreyi test edilmiştir. Tek yönlü varyans analizi ile bu farklılık araştırılacaktır. Veri analizi sonuçları aşağıdaki gibidir.

```
> data(InsectSprays)
> str(InsectSprays)
'data.frame':   72 obs. of  2 variables:
 $ count: num  10 7 20 14 14 12 10 23 17 20 ...
 $ spray: Factor w/ 6 levels "A","B","C","D",..: 1 1 1 1 1 1 1 1 1 1 ...
>
> oneway.test(count~spray)

        One-way analysis of means (not assuming equal variances)

data:  count and spray
F = 36.065, num df = 5.000, denom df = 30.043, p-value = 7.999e-12

> aov.out = aov(count ~ spray, data=InsectSprays)
>
> summary(aov.out)
            Df Sum Sq Mean Sq F value Pr(>F)
spray        5   2669   533.8    34.7 <2e-16 ***
Residuals   66   1015    15.4
---
Signif. codes:  0 '***' 0.001 '**' 0.01 '*' 0.05 '.' 0.1 ' ' 1
>
```

Analiz sonucunda ele alınan grupların varyansları eşit olduğundan analize devam edilir. Analiz sonucunda F(5,66) = 34.7, p < .000 olarak bulunmuştur. Böcek sayısının böcek spreylerine göre farklı olduğu sonucuna varılmıştır. Acaba hangi ortalamalar birbirinden farklıdır? Bu sorunun cevabı Post-Hoc testiyle analiz edilmektedir.

```
> TukeyHSD(aov.out)
  Tukey multiple comparisons of means
    95% family-wise confidence level

Fit: aov(formula = count ~ spray, data = InsectSprays)

$spray
           diff        lwr       upr     p adj
B-A   0.8333333  -3.866075  5.532742 0.9951810
C-A -12.4166667 -17.116075 -7.717258 0.0000000
D-A  -9.5833333 -14.282742 -4.883925 0.0000014
E-A -11.0000000 -15.699409 -6.300591 0.0000000
F-A   2.1666667  -2.532742  6.866075 0.7542147
C-B -13.2500000 -17.949409 -8.550591 0.0000000
D-B -10.4166667 -15.116075 -5.717258 0.0000002
E-B -11.8333333 -16.532742 -7.133925 0.0000000
F-B   1.3333333  -3.366075  6.032742 0.9603075
D-C   2.8333333  -1.866075  7.532742 0.4920707
E-C   1.4166667  -3.282742  6.116075 0.9488669
F-C  14.5833333   9.883925 19.282742 0.0000000
E-D  -1.4166667  -6.116075  3.282742 0.9488669
F-D  11.7500000   7.050591 16.449409 0.0000000
F-E  13.1666667   8.467258 17.866075 0.0000000
```

Post-Hoc analizi sonucunda; A spreyi C, D ve E spreyinden, B spreyi C, D ve E spreyinden, F spreyi de C, D ve E spreyinden istatistiksel olarak 0,05 anlamlılık düzeyinde farklı olduğu sonucu ortaya çıkmıştır.

7.2. İki Yönlü Varyans Analizi (Two-Way ANOVA)

İki yönlü ANOVA iki bağımsız değişkenin bir bağımlı değişken üzerine etkisini araştırırken bağımsız değişkenlerin bağımlı değişken üzerine etkilerini inceler. İki yönlü varyans analizi, belli bir bağımlı değişken üzerinde birden fazla bağımsız değişkenin ortak etkisini ölçmek için kullanılır.

Örneğin, kadın ve erkeklerin kilo verme diyet çeşitlerine göre diyet yaptıktan 6 hafta sonraki kilolarında farklılık olup olmadığı analiz edilecektir. R programına veri girişi yapılarak analize başlanır.

```
> View(stcp_Rdataset_Diet_1_)

>dietR<-read.csv("C:/Users/Bilir/Desktop/stcp-Rdataset-Diet (1).csv",header=T,sep=",")

> attach(dietR)

> dietR$weightlost<-pre.weight-weight6weeks

> dietR<-na.omit(dietR)

> attach(dietR)

> library(car)
```

```
> leveneTest(weightlost~as.factor(gender)*as.factor(Diet),data=dietR)
Levene's Test for Homogeneity of Variance (center = median)
      Df F value Pr(>F)
group  5  0.3867 0.8563
      70
> summary(anova2)
                                   Df Sum Sq Mean Sq F value  Pr(>F)
as.factor(gender)                   1    0.3   0.278   0.052 0.82062
as.factor(Diet)                     2   60.4  30.209   5.619 0.00546 **
as.factor(gender):as.factor(Diet)   2   33.9  16.952   3.153 0.04884 *
Residuals                          70  376.3   5.376
---
Signif. codes:  0 '***' 0.001 '**' 0.01 '*' 0.05 '.' 0.1 ' ' 1
```

İlk olarak Levene's testi sonucuna bakıldığında p değerinin 0,05'den büyük olduğu görülmüştür. Bu durum sıfır hipotezinin 0,05 anlamlılık düzeyinde reddedilmediği, yani varyansların birbirine eşit olduğu anlamına gelir.

Varyans sonucuna bakıldığında, p değeri incelendiğinde cinsiyet*diyet değişkenlerinin [F(2, 70)=3.153, p = 0.049] 0,05 anlamlılık düzeyine göre istatistiksel olarak anlamlı bulunduğu görülmüştür. Bu durum kadın ve erkeklerin diyet yapma durumlarına bağlı olarak verdikleri kiloda farklılık gösterdiği ortaya konmuştur. Bu farklılığın nereden kaynaklandığını ortaya koymak amacıyla analize TukeyHSD testiyle devam edeceğiz.

```
> TukeyHSD(anova2)
  Tukey multiple comparisons of means
    95% family-wise confidence level

Fit: aov(formula = weightlost ~ as.factor(gender) * as.factor(Diet), data = dietR)

$`as.factor(gender)`
         diff        lwr      upr     p adj
1-0 0.1221283 -0.9480861 1.192343 0.8206233

$`as.factor(Diet)`
           diff        lwr      upr     p adj
2-1 -0.03484966 -1.6215073 1.551808 0.9984761
3-1  1.84475570  0.2871469 3.402365 0.0162482
3-2  1.87960536  0.3385771 3.420634 0.0128844
```

```
$`as.factor(gender):as.factor(Diet)`
               diff        lwr       upr     p adj
1:1-0:1   0.6000000 -2.2129628 3.4129628 0.9887997
0:2-0:1  -0.4428571 -3.0107291 2.1250148 0.9958151
1:2-0:1   1.0590909 -1.6782698 3.7964516 0.8656520
0:3-0:1   2.8300000  0.3052886 5.3547114 0.0191170
1:3-0:1   1.1833333 -1.4893925 3.8560592 0.7855223
0:2-1:1  -1.0428571 -3.8558199 1.7701056 0.8852416
1:2-1:1   0.4590909 -2.5093998 3.4275816 0.9975014
0:3-1:1   2.2300000 -0.5436187 5.0036187 0.1863470
1:3-1:1   0.5833333 -2.3256625 3.4923292 0.9915569
1:2-0:2   1.5019481 -1.2354126 4.2393087 0.5963201
0:3-0:2   3.2728571  0.7481458 5.7975685 0.0040103
1:3-0:2   1.6261905 -1.0465354 4.2989163 0.4833188
0:3-1:2   1.7709091 -0.9260048 4.4678230 0.3965102
1:3-1:2   0.1242424 -2.7117126 2.9601974 0.9999949
1:3-0:3  -1.6466667 -4.2779524 0.9846191 0.4513580
```

TukeyHSD çoklu karşılaştırma analizi sonucunda verilen kilolar dikkate alındığında, cinsiyet ve diyet ortalamaları arasında 0,05 anlamlılık düzeyinde istatistiksel olarak anlamlı bir faklılık gösterdiği görülmüştür. Bu durumda kadınların diyet 1'in ve diyet 3'e göre ortalama 2,83 kilo verdirdiği görülürken (p=0,0191) , diyet 2'nin diyet 4'e göre 3,27 kg daha fazla verdirdiği görülmektedir (p=0,004).

7.3. Tek Yönlü Çok Değişkenli Varyans Analizi (One-Way Manova)

Normal dağılan bir ana kütleden gelen bağımsız değişkenlerin ortalamalarını karşılaştırmak amacıyla tek yönlü çok değişkenli varyans analizi kullanılır. Tek yönlü varyans analizinde bir bağımlı bir bağımsız değişkenin üç veya daha fazla kategoriye sahip olması gerekiyordu. Fakat değişkenlerin aynı özellikte olduğu ve bağımlı değişken sayısının iki veya daha fazla olduğu durumlarda Çok Değişkenli Varyans Analizi yapılmaktadır.

Örneğin, İki ilacın kalp atışları üzerindeki etkilerini incelemek için bir çalışma yapılmıştır. Otuz kadın rastgele on üç gruba ayrılmış ve her kişiye bir enjeksiyon yapılmış. Gruplarına bağlı olarak, kadınlar ya plasebo, ilaç A veya ilaç B almışlar. Kalp atışlarının tekrarlanan ölçümleri enjeksiyondan iki dakika sonra ve ardından beş dakikalık aralıklarla yapılmış. Bu üç tedaviden en az birinin (İlaç A, İlaç B veya Plasebo) kadınların kalp atışları üzerinde farklılık gösterip göstermediğini araştıralım.

İlk olarak temel varsayım olan varyansların homojenliğini sınamak amacıyla "Box M" testini uygulayacağız.

```
>library(biotools)
> boxM(hrate[,2:5], hrate[,1])
```

```
        Box's M-test for Homogeneity of Covariance Matrices

data:  hrate[, 2:5]
Chi-Sq (approx.) = 24.408, df = 20, p-value = 0.225
```

Box M testi sonucunda p değeri 0,225>0,05 olduğundan bağımlı değişkenlere ilişkin kovaryans matrisinin homojen olduğu sıfır hipotezi reddedilmemiştir bunun sonucunda homojenlik sağlanmıştır diyebiliriz.

Sonraki aşamada, bağımlı değişkenlere ilişkin ortalama vektörlerinin farklılık gösterip göstermediği test edilmektedir.

```
> hrate<-
read.csv("C:/Users/Bilir/Desktop/hrate.csv",header=T,row.names
=NULL)
> attach(hrate)
> fit <- manova(cbind(time1,time2,time3,time4) ~ group, da-
ta=hrate)
```

> summary(fit, test="Wilks")

```
> summary(fit, test="Wilks")
          Df    Wilks approx F num Df den Df     Pr(>F)    
group      2 0.062801   17.942      8     48 4.824e-12 ***
Residuals 27                                              
---
Signif. codes:  0 '***' 0.001 '**' 0.01 '*' 0.05 '.' 0.1 ' ' 1
> summary(fit, test="Pillai")
          Df Pillai approx F num Df den Df    Pr(>F)    
group      2 1.4371   15.958      8     50 2.181e-11 ***
Residuals 27                                            
---
Signif. codes:  0 '***' 0.001 '**' 0.01 '*' 0.05 '.' 0.1 ' ' 1
> summary(fit, test="Hotelling-Lawley")
          Df Hotelling-Lawley approx F num Df den Df     Pr(>F)    
group      2           6.9625   20.017      8     46 1.317e-12 ***
Residuals 27                                                      
---
Signif. codes:  0 '***' 0.001 '**' 0.01 '*' 0.05 '.' 0.1 ' ' 1
> summary(fit, test="Roy")
          Df    Roy approx F num Df den Df    Pr(>F)    
group      2 5.5204   34.502      4     25 7.681e-10 ***
Residuals 27                                            
---
Signif. codes:  0 '***' 0.001 '**' 0.01 '*' 0.05 '.' 0.1 ' ' 1
```

Analiz sonucunda Pillai's Trace, Wilks' Lambda, Hotelling-Lawley, Roy testleri sonucunda tüm test istatistikleri için p değerleri 0,05'den küçük çıkmıştır.

Ardından, Manova testine geçildiğinde aşağıdaki sonuçlar ortaya çıkmıştır.

> library(car)

> fit<-lm(cbind(time1,time2,time3,time4) ~ group, data=hrate)

> table<- Manova(fit)

> summary(table,multivariate=TRUE)

```
Type II MANOVA Tests:

Sum of squares and products for error:
      time1 time2 time3 time4
time1 479.4 483.7 363.0 237.5
time2 483.7 610.5 475.6 319.7
time3 363.0 475.6 540.8 366.4
time4 237.5 319.7 366.4 381.0

------------------------------------------

Term: group

Sum of squares and products for the hypothesis:
         time1 time2    time3    time4
time1 612.0667 430.5 449.6667 740.4333
time2 430.5000 537.8 600.4000 616.7000
time3 449.6667 600.4 673.8667 659.9333
time4 740.4333 616.7 659.9333 934.8667

Multivariate Tests: group
                 Df test stat approx F num Df den Df     Pr(>F)
Pillai            2  1.437149 15.95836      8     50 2.1807e-11 ***
Wilks             2  0.062801 17.94242      8     48 4.8238e-12 ***
Hotelling-Lawley  2  6.962455 20.01706      8     46 1.3168e-12 ***
Roy               2  5.520367 34.50229      4     25 7.6810e-10 ***
---
Signif. codes:  0 '***' 0.001 '**' 0.01 '*' 0.05 '.' 0.1 ' ' 1
>
```

Analiz sonucunda, % 5 anlamlılık düzeyinde, üç tedaviden en az birinin (İlaç A, Drug B veya Placebo) kadınların kalp atışları üzerinde önemli bir etkisi olduğu sonucuna varabiliriz.

Aşağıda yapılan analizde, %5 anlamlılık düzeyinde kadınların ortalama kalp atışının dört zamanda farklılık gösterip göstermediğini inceleyelim.

```
Response transformation matrix:
      [,1] [,2] [,3]
time1    1    0    0
time2   -1    1    0
time3    0   -1    1
time4    0    0   -1

Sum of squares and products for the hypothesis:
            [,1]        [,2]        [,3]
[1,]   93.633333  1.76666667 -173.133333
[2,]    1.766667  0.03333333   -3.266667
[3,] -173.133333 -3.26666667  320.133333

Sum of squares and products for error:
           [,1]      [,2]       [,3]
[1,]  411.36667  29.23333 -304.86667
[2,]   29.23333 210.96667  -48.73333
[3,] -304.86667 -48.73333  477.86667

Multivariate Tests:
                 Df test stat approx F num Df den Df    Pr(>F)
Pillai            1 0.4107893 6.274671      3     27 0.0022645 **
Wilks             1 0.5892107 6.274671      3     27 0.0022645 **
Hotelling-Lawley  1 0.6971857 6.274671      3     27 0.0022645 **
Roy               1 0.6971857 6.274671      3     27 0.0022645 **
---
Signif. codes:  0 '***' 0.001 '**' 0.01 '*' 0.05 '.' 0.1 ' ' 1
```

Analiz sonucunda dört zaman içinde kadınların ortalama kalp atışlarının anlamlı farklılık gösterdiği görülmektedir. Ardından A ilacı ve Plasebo arasındaki farklılığı analiz ettiğimizde sonuçlar aşağıdaki gibidir.

```
Sum of squares and products for the hypothesis:
        time1  time2 time3 time4
time1 414.05 468.65 518.7 573.3
time2 468.65 530.45 587.1 648.9
time3 518.70 587.10 649.8 718.2
time4 573.30 648.90 718.2 793.8

Sum of squares and products for error:
       time1 time2 time3 time4
time1 479.4 483.7 363.0 237.5
time2 483.7 610.5 475.6 319.7
time3 363.0 475.6 540.8 366.4
time4 237.5 319.7 366.4 381.0

Multivariate Tests:
                 Df test stat approx F num Df den Df     Pr(>F)
Pillai            1 0.6885377 13.26397      4     24 7.7196e-06 ***
Wilks             1 0.3114623 13.26397      4     24 7.7196e-06 ***
Hotelling-Lawley  1 2.2106612 13.26397      4     24 7.7196e-06 ***
Roy               1 2.2106612 13.26397      4     24 7.7196e-06 ***
---
Signif. codes:  0 '***' 0.001 '**' 0.01 '*' 0.05 '.' 0.1 ' ' 1
```

Analiz sonucunda A ilacı ve Plasebo arasında anlamlı farklılık olduğu görülmektedir.

Ayrıca ilaçlar arasındaki farklılığı görebilmek için profil analizi yapılmaktadır. Sonuçlar aşağıdaki gibidir.

```
> Profile.Means <- t(aggregate(hrate[, 2:5], by =
list(hrate[,1]),FUN = mean))

> Profile.Means
```

```
        [,1]      [,2]      [,3]
Group.1 "Drug_A"  "Drug_B"  "Placebo"
time1   "82.9"    "72.9"    "73.8"
time2   "83.1"    "79.0"    "72.8"
time3   "83.4"    "79.6"    "72.0"
time4   "82.9"    "72.0"    "70.3"
```

Her bir zaman için ortalama değerler görülmektedir. Aşağıdaki kodlar yazıldığında grafiksel gösterim sonucunda ortalama farklılıklar görülmektedir.

```
> for (i in 1:3)
+ {
+   if (i == 1)
+   {
+     plot(Profile.Means[-c(1), i], type = "l", col = i, ylim = c(65, 85),
+          main = "Profile Plots of Heart Rate by Time",
+          ylab = "Mean Heart Rate",xlab = "Time")
+     points(Profile.Means[-c(1), i], type = "p", pch = 16, col = i)
+   } else {
+     points(Profile.Means[-c(1), i], type = "l", col = i)
+     points(Profile.Means[-c(1), i], type = "p", pch = 16, col = i)
+   }
+ }
```

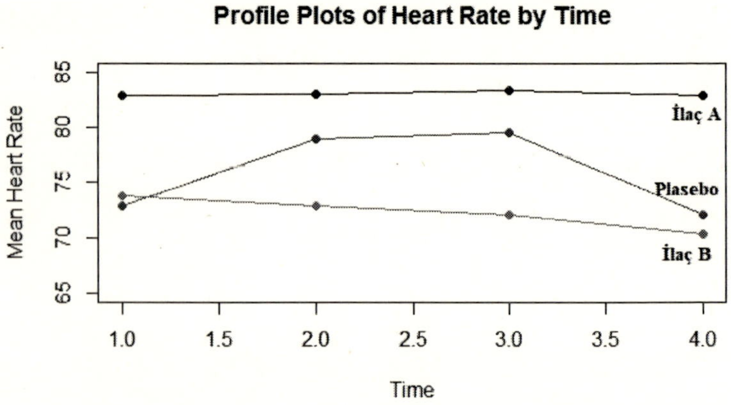

Zamana göre üç ilacın ortalama farklılıkları yukarıdaki grafikte görülmektedir. En üstteki A ilacını ve en alttaki değer ise ilaç B'yi göstermektedir. Ortadaki değer olan Plasebo'nun hem İlaç A hem de İlaç B'den farklı olduğunu gözlemliyoruz.

SEKİZİNCİ BÖLÜM

KOVARYANS ANALİZİ

Varyans analizinin devamı niteliğinde olan kovaryans analizi, iki veya daha fazla sayıdaki grupta, bir bağımlı değişkenin ortalamalarının karşılaştırılmasında, bağımlı değişkeni etkileyen başka bir bağımlı değişkenin etkisinin yok edilmesi veya arttırılması olarak ifade edilir. Bağımlı ve bağımsız değişkenlere ilave olarak "kodeğişken(covariate)" değişken bulunur. Kovaryans analizinde bir tane bağımlı değişken varken, birden fazla bağımsız değişken ve kodeğişken bulunabilir.

İki yönlü Anova analizinde kullandığımız diyet verilerini kullanalım.

```
>dietR<-read.csv("C:/Users/Bilir/Desktop/stcp-Rdataset-Diet (1).csv",header=T,sep=",")
> View(dietR)
> model <- aov(Age ~ Diet*weight6weeks, data=dietR)
> summary(model)
```

```
                  Df Sum Sq Mean Sq F value Pr(>F)
Diet               1    121  120.98   1.228  0.271
weight6weeks       1      0    0.14   0.001  0.970
Diet:weight6weeks  1      4    3.51   0.036  0.851
Residuals         74   7294   98.56
```

Yapılan kovaryans analizi sonucunda, p değerinin 0,05'den büyük çıkması sonucunda ortak değişkenin varlığından söz edebiliriz.

DOKUZUNCU BÖLÜM

DOĞRUSAL REGRESYON VE KORELASYON

9.1. Basit Doğrusal Regresyon

Basit bir doğrusal regresyon modeli, lineer bir denklem kullanarak bağımsız bir x değişkenine göre bağımlı bir y değişkeni tanımlar. Aşağıdaki doğrusal regresyon modelinde, α ve β katsayıları parametre, u ise hata terimi olarak adlandırılır.

$$Y_t = \alpha + \beta x + u_t$$

Örneğin, "faithful" veri setinde bekleme ve patlamalar olarak adlandırılan iki değişken bulunmaktadır. Veri setinin her satırı, (bekleyen, püskürmeler) değer çifti tarafından tarif edilen bir gayzer püskürmesi gözlemidir. Bekleyen değişkendeki değer, bir püskürmeye kadar bekleyeceğiniz sürenin uzunluğudur ve püskürmelerdeki değer, püskürme süresidir. Bağımsız değişken olarak beklemeyi ve bağımlı değişken olarak fıskiyelerin fışkırmasını atayarak, doğrusal regresyon modeli şöyle olur:

$$\text{Fıskıy} = \alpha + \beta(beklemesüresi) + u_t$$

```
> eruption.lm = lm(eruptions~ waiting,data=faithful)
> coeffs =coefficients(eruption.lm)
> coeffs
(Intercept)     waiting
-1.87401599  0.07562795
```

R^2 belirlilik katsayısı ise, bağımlı değişkendeki toplam değişmenin % kaçının bağımsız değişkenler tarafından açıklandığını bulmaktadır.

```
> eruption.lm = lm(eruptions~ waiting,data=faithful)
> summary(eruption.lm)$r.squared
[1] 0.8114608
```

Analiz sonucunda belirlilik katsayısı olan R^2 değeri 0,81 olarak bulunmuştur.

Bir diğer aşamada, regresyon modelinde 0.05 anlamlılık düzeyinde "faithful" verilerini kullanarak oluşturulan doğrusal regresyon modelindeki değişkenler arasında anlamlı bir ilişki olup olmadığına karar verelim.

```
> eruption.lm = lm(eruptions ~ waiting,data=faithful)
> summary(eruption.lm)

Call:
lm(formula = eruptions ~ waiting, data = faithful)

Residuals:
     Min       1Q   Median       3Q      Max
-1.29917 -0.37689  0.03508  0.34909  1.19329

Coefficients:
             Estimate Std. Error t value Pr(>|t|)
(Intercept) -1.874016   0.160143  -11.70   <2e-16 ***
waiting      0.075628   0.002219   34.09   <2e-16 ***
---
Signif. codes:  0 '***' 0.001 '**' 0.01 '*' 0.05 '.' 0.1 ' ' 1

Residual standard error: 0.4965 on 270 degrees of freedom
Multiple R-squared:  0.8115,    Adjusted R-squared:  0.8108
F-statistic:  1162 on 1 and 270 DF,  p-value: < 2.2e-16
```

Regresyon analizi sonucuna göre, değişkenler arasında anlamlı bir ilişki vardır.

Hata teriminin x değişkeninden bağımsız, ortalaması sıfır varyansı sabit normal dağılıma sahiptir. Belirli bir x değeri için, y bağımlı değişkeninin ortalamasının aralık tahmini, güven aralığı olarak adlandırılır.

"faithful" verisini kullanarak bekleme süresi 80 dk. olduğunda fışkırma süresinin %95 güven aralığını oluşturalım.

```
> eruption.lm =lm(eruptions ~ waiting)
> newdata = data.frame(waiting=80)
> predict(eruption.lm, newdata,interval="confidence")
       fit      lwr      upr
1 4.17622 4.104848 4.247592
```

%95 güven aralığında fışkırma süresi, bekleme süresi 80 dakika olduğunda aralık tahmini 4,10 ile 4,24 arasındadır.

9.2. Çoklu Doğrusal Regresyon

Bağımlı değişken olan y, birden fazla bağımsız değişken (x_1, x_2,......x_p) tarafından açıklanıyorsa çoklu doğrusal regresyon modeli ortaya çıkmaktadır.

$$Y_t = \alpha + \beta x_1 + \gamma x_2 + u_t$$

Örneğin, hisse senedi endeks fiyatı bağımlı değişken, faiz oranı ve işsizlik oranı bağımsız değişken olarak ele aldığımız regresyon modelimizin analiz sonuçları aşağıdaki gibidir.

```
> Year <- c(2017,2017,2017,2017,2017,2017,2017,2017,2017,2017,2017,2017,2016,2016,2016,
2016,2016,2016,2016,2016,2016,2016,2016,2016)
> Month <- c(12, 11,10,9,8,7,6,5,4,3,2,1,12,11,10,9,8,7,6,5,4,3,2,1)
> Interest_Rate <- c(2.75,2.5,2.5,2.5,2.5,2.5,2.5,2.25,2.25,2.25,2,2,2,1.75,1.75,1.75,
1.75,1.75,1.75,1.75,1.75,1.75,1.75,1.75)
> Unemployment_Rate <- c(5.3,5.3,5.3,5.3,5.4,5.6,5.5,5.5,5.5,5.6,5.7,5.9,6,5.9,5.8,6.1,
6.2,6.1,6.1,6.1,5.9,6.2,6.2,6.1)
> Stock_Index_Price <- c(1464,1394,1357,1293,1256,1254,1234,1195,1159,1167,1130,1075,10
47,965,943,958,971,949,884,866,876,822,704,719)
> model <- lm(Stock_Index_Price ~ Interest_Rate + Unemployment_Rate)
> summary(model)

Call:
lm(formula = Stock_Index_Price ~ Interest_Rate + Unemployment_Rate)

Residuals:
     Min       1Q   Median       3Q      Max
-158.205  -41.667   -6.248   57.741  118.810

Coefficients:
                  Estimate Std. Error t value Pr(>|t|)
(Intercept)         1798.4      899.2   2.000  0.05861 .
Interest_Rate        345.5      111.4   3.103  0.00539 **
Unemployment_Rate   -250.1      117.9  -2.121  0.04601 *
---
Signif. codes:  0 '***' 0.001 '**' 0.01 '*' 0.05 '.' 0.1 ' ' 1

Residual standard error: 70.56 on 21 degrees of freedom
Multiple R-squared:  0.8976,	Adjusted R-squared:  0.8879
F-statistic: 92.07 on 2 and 21 DF,  p-value: 4.043e-11
```

Regresyon analizi sonucuna göre, değişkenler arasında anlamlı bir ilişki vardır. Regresyon modeli ise;

Hisse senedi endeks fiyatı= (1789.4)+(345.5)*X_1 – (250.1)*X_2 olarak bulunmuştur.

9.3. Korelasyon Analizi

Korelasyon analizi iki değişken arasındaki ilişkinin gücünü ve yönünü test eden istatistiksel bir yöntemdir. Analiz, bağımsız değişken olan X değiştiğinde, bağımlı değişken olan Y'nin ne derece değişeceğini amaçlar. Korelasyon analizi sonucunda ilişki olup olmadığını, varsa bu ilişkinin derecesi korelasyon katsayısı ile hesaplanmaktadır. Korelasyon katsayısı "r" ile gösterilir ve -1 ile +1 arasında değer almaktadır. Eğer iki değişken arasında pozitif korelasyon var ise, X'in değeri arttığında Y'nin de değeri artmakta ya da her ikisi de birlikte azalmaktadır. Negatif korelasyonda ise, değişkenlerden birinin değeri artarken diğerinin değeri azalmaktadır. Ya da iki değişken arasında ilişki görülmeyebilir.

```
> korelasyon_matris <- cor(mtcars)

> korelasyon_matris
```

```
            mpg        cyl       disp         hp        drat         wt        qsec
mpg   1.0000000 -0.8521620 -0.8475514 -0.7761684  0.68117191 -0.8676594  0.41868403
cyl  -0.8521620  1.0000000  0.9020329  0.8324475 -0.69993811  0.7824958 -0.59124207
disp -0.8475514  0.9020329  1.0000000  0.7909486 -0.71021393  0.8879799 -0.43369788
hp   -0.7761684  0.8324475  0.7909486  1.0000000 -0.44875912  0.6587479 -0.70822339
drat  0.6811719 -0.6999381 -0.7102139 -0.4487591  1.00000000 -0.7124406  0.09120476
wt   -0.8676594  0.7824958  0.8879799  0.6587479 -0.71244065  1.0000000 -0.17471588
qsec  0.4186840 -0.5912421 -0.4336979 -0.7082234  0.09120476 -0.1747159  1.00000000
vs    0.6640389 -0.8108118 -0.7104159 -0.7230967  0.44027846 -0.5549157  0.74453544
am    0.5998324 -0.5226070 -0.5912270 -0.2432043  0.71271113 -0.6924953 -0.22986086
gear  0.4802848 -0.4926866 -0.5555692 -0.1257043  0.69961013 -0.5832870 -0.21268223
carb -0.5509251  0.5269883  0.3949769  0.7498125 -0.09078980  0.4276059 -0.65624923
             vs          am       gear        carb
mpg   0.6640389  0.59983243  0.4802848 -0.55092507
cyl  -0.8108118 -0.52260705 -0.4926866  0.52698829
disp -0.7104159 -0.59122704 -0.5555692  0.39497686
hp   -0.7230967 -0.24320426 -0.1257043  0.74981247
drat  0.4402785  0.71271113  0.6996101 -0.09078980
wt   -0.5549157 -0.69249526 -0.5832870  0.42760594
qsec  0.7445354 -0.22986086 -0.2126822 -0.65624923
vs    1.0000000  0.16834512  0.2060233 -0.56960714
am    0.1683451  1.00000000  0.7940588  0.05753435
gear  0.2060233  0.79405876  1.0000000  0.27407284
carb -0.5696071  0.05753435  0.2740728  1.00000000
```

```
> install.packages("corrplot")

> library(corrplot)

> corrplot(korelasyon_matris, method = "circle")
```

Grafik 9.1. Korelasyon Grafiği

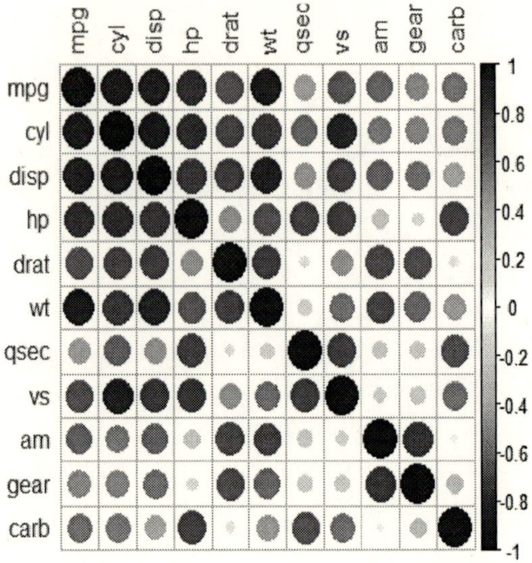

Bu grafik ile tüm değişkenlerin birbirleriyle olan ilişkileri görülmektedir. Grafik üzerindeki koyu mavi noktalar güçlü pozitif korelasyonları, koyu kırmızı noktalar ise güçlü negatif korelasyonları göstermektedir. Diğer daireler de renklerine ve büyüklüklerine göre korelasyonun gücünü ve yönünü belirtmektedir.

ONUNCU BÖLÜM

LOJİSTİK REGRESYON

0 ve 1 değerlerinden oluşan bağımlı değişkenin olasılığını tahmin etmek için lojistik regresyon analizini kullanıyoruz. x_1, x_2,……,x_p'ye kadar olan değişkenlere bağımsız değişken, α ve β_k değerleri (k = 1, 2, …, p) parametre ve E(y) ise bağımlı değişken olan y'nin beklenen değeri olarak ifade edildiğinde lojistik regresyon modeli aşağıdaki gibidir.

$$E(y) = 1 \Big/ \left(1 + e^{-\left(\alpha + \sum_k \beta_k x_k\right)}\right)$$

Veri seti "*mtcars*" verisi 1973-1974 model 32 aracın yakıt tüketimi, dizayn ve performans ölçülerini içeren bir data setidir. Veri setini kullanarak ağırlığında bir aracın manuel şanzımanla donatılma olasılığını lojistik regresyon analizi ile tahmin edelim.

```
> am.glm = glm(formula=am ~ hp + wt,data=mtcars,family=binomial)
> newdata =data.frame(hp=120, wt=2.8)
> predict(am.glm, newdata,type="response")
        1
0.6418125
```

120hp motorlu ve 2800 lbs ağırlığındaki bir otomobilde, manuel şanzıman takma olasılığı yaklaşık % 64'tür.

Lojistik regresyon denkleminde y bağımlı değişkeni ile bağımsız değişken x_k (k = 1, 2,…, p) arasında anlamlı bir ilişki olup olmadığına karar verebiliriz. Özellikle, $\beta_k = 0$ (k = 1, 2,..., p) geçerlidir, daha sonra lojistik regresyon modelinde x_k istatistiksel olarak anlamsızdır.

0.05 anlamlılık düzeyinde, veri seti “mtcars” araç aktarımının lojistik regresyon modelindeki bağımsız değişkenlerden herhangi birinin istatistiksel olarak anlamlı olup olmadığına karar verelim.

```
Call:
glm(formula = am ~ hp + wt, family = binomial, data = mtcars)

Deviance Residuals:
    Min       1Q   Median       3Q      Max
-2.2537  -0.1568  -0.0168   0.1543   1.3449

Coefficients:
            Estimate Std. Error z value Pr(>|z|)
(Intercept) 18.86630    7.44356   2.535  0.01126 *
hp           0.03626    0.01773   2.044  0.04091 *
wt          -8.08348    3.06868  -2.634  0.00843 **
---
Signif. codes:  0 ‘***’ 0.001 ‘**’ 0.01 ‘*’ 0.05 ‘.’ 0.1 ‘ ’ 1

(Dispersion parameter for binomial family taken to be 1)

    Null deviance: 43.230  on 31  degrees of freedom
Residual deviance: 10.059  on 29  degrees of freedom
AIC: 16.059

Number of Fisher Scoring iterations: 8
```

Hp ve wt değişkenlerinin p değerleri 0,05'ten küçük olduğu için, lojistik regresyon modelinde hem hp hem de wt 0,05 düzeyinde önemlidir.

KAYNAKÇA

Albert J. (2015). Bayesian Computition with R, New York, Springer.

Albert, J. and Rizzo, M. (2012). R by example. New York: SpringerVerlag

Bates, D., Martin M., Ben B., Steve W. (2015). "Fitting Linear Mixed-Effects Models Using lme4." Journal of Statistical Software 67 (1): 1–48.

Bayram, N. (2017). Sosyal Bilimlerde Araştırma SPSS İle Veri Analizi, Ezgi Kitabevi, Bursa.

Bayram, N.(2012). Veri Analizi, Siyasal Kitabevi, Bursa.

Chang W. (2012). R Graphics Cookbook, O'Reilly.

Couturier, D. L., Nicholls, R., and Fernandes, M. (2018). ANOVA with R: analysis of the diet dataset. Retrieved online.

Çokluk, Ö., Şekercioğlu, G. & Büyüköztürk, Ş. (2010). Sosyal bilimler için çok değişkenli istatistik. Ankara: Pegem Akademi.

Crawley, M. (2007) The R book. Chichester: Wiley.

De Vries, A. and Meys, J. (2015). R for dummies. John Wiley & Sons.

Er F., Sönmez H. (2005). Temel İstatistik Eğitiminde R For Windows Paket Programı Kullanımı, Eskişehir Osmangazi Üniversitesi Mühendislik Mimarlık Fakültesi Dergisi, C. XVIII, S.2, ss. 71-86.

Field, Andy P., Jeremy M., Zoë F. (2012). Discovering Statistics Using R. Thousand Oaks, Calif; London; Sage.

Gegez A. E. (2010). Pazarlama Araştırmaları, Beta, İstanbul.

Grimm L. G., Yarnold P. R. (1998). Reading and Understanding Multivariate Statistic, American Psychological Association.

Grolemund G. (2014). Hand-on Programming with R, O'Reilly.

Gürsakal N. (2014). İstatistikte R İle Programlama, Dora Yayıncılık, Bursa.

Hair, Anderson, Tatham, and Black. (1998). Multivariate Data Analysis. U.S.A: Upper Saddle River, N.J.: Prentice Hall.

James G., Daniela W., Trevor H. &Robert T. (2017). An Introduction to Statistical Learning: with Applications in R, Springer, London.

Jeremy, A.F. and Field M.Z. (2012). Discovering Statistics Using R, : SAGE Publications.

Johnson R.A. and Wichern D. W. (2013). Applied Multivariate Statistical Analysis: Pearson New International Edition.

Kalaycı Ş. (2010). SPSS Uygulamalı Çok Değişkenli İstatistik Teknikleri, Asil Yayın Dağıtım, Ankara.

Kloke, J., McKean J. W. (2014). Nonparametric Statistical Methods Using R. CRC Press.

Komsta, Lukasz, Frederick N. (2015). Moments: Moments, Cumulants, Skewness, Kurtosis and Related Tests.

Kuhnert P. and Venables B. (2005). An Introduction to R: Software for Statistical Modeling & Computing.

Loy A., Follett L. and Heike H. (2016). Variations of Q–Q plots: The power of our eyes!, The American Statistician.

Matloff N. (2011). The Art of R Programming, No Starch Press.

Maindonald, J.,Braun,J. (2007). Data Analysis and Graphics Using R - An Example-Based Approach, Second edition, Cambridge.

Muenchen R.A., (2009). R for SAS and SPSS Users, Springer.

Overall, J.E., Klett C.J. (1972). Applied Multivariate Analysis. McGraw-Hill: New York.

Özdamar, K. (2004). Paket Programlar İle İstatistiksel Veri Analizi. Eskişehir: Kaan Kitabevi.

Serper Ö. (2010). Uygulamalı İstatistik. Bursa. Ezgi Kitabevi.

Paradis, E. (2005). R for Beginners, https://cran.r-project.org/doc/contrib/Paradis-rdebuts_en.pdf

Rossıter, D. G. (2012). Introduction to the R Project for Statistical Computing for use at ITC. University of Twente, Faculty of Geo-information Science & Earth Observation (ITC), Enschede (NL).

R Core Team. 2016b. R: A Language and Environment for Statistical Computing. Vienna, Austria: R Foundation for Statistical Computing. https://www.R-project.org/.

Salkind N.J., Shaw L.A. (2019). Statistics for People Who (Think They) Hate Statistics Using R. Sage Publications.

Stevens, J.P. (2001). Applied Multivariate Statistics for the Social Sciences, Taylor&Francis.

Tabachnick, B.G. and Fidell, L.S. (1996). Using multivariate statistics (3rd edition). Newyork: Harper Collins.

Tatlıdil, H. (1992). Uygulamalı Çok Değişkenli İstatistik. Akademi Matbaası. Ankara.

Timm, N. H. (2002). Applied Multivariate Analysis. USA: Springer.

Tippmann, S. (2015). "Programming Tools: Adventures with R: A Guide to the Popular, Free Statistics and Visualization Software That Gives Scientists Control of Their Own Data Analysis." Nature, no. 7532: 109.

Tsagris M. T. (2014). Multivariate statistical functions in R. Athens, Nottingham and Abu Halifa (Kuwait).

Verzani, J. (2014). Using R for Introductory Statistics. Second. Boca Raton: CRC Press Taylor; Francis Group.

Wenables, W.N. and Simith, D.M. (2002). The R Development Core Team. An introductionto R. Bristol: Network Theory.

Wilcox, Rand R. (2012). Introduction to Robust Estimation and Hypothesis Testing. 3rd;3; US: Academic Press.

Xie, Y. (2016). Bookdown: Authoring Books with R Markdown.

Yau C. (2015). R Tutorial with Bayesian Statistics Using OpenBugs, Kindle Edition.

Zumel N., Mount J. (2014). Practical Data Science with R. Manning.

Zuur,A.F., Ieno, E.N, Mesters, E.H.W.G. (2009). A beginner's guide to R. Dordrecht:Springer-Werlag.

https://towardsdatascience.com/a-complete-guide-to-learn-r-29e691c61d1

https://www.rdocumentation.org/packages/MASS/versions/7.3-51.4/topics/geyser

https://www.rdocumentation.org/packages/datasets/versions/3.6.1/topics/mtcars

https://www.rdocumentation.org/packages/ca/versions/0.71/topics/smoke

https://www.rdocumentation.org/packages/datasets/versions/3.6.1/topics/InsectSprays

http://homepages.inf.ed.ac.uk/bwebb/statistics/ANOVA_in_R.pdf

http://www.r-project.org

http://cran.rproject.org/doc/manuals/r-release/R-intro.pdf

http://www.mathcs.richmond.edu/~wowen/TheRGuide.pdf

https://www.academia.edu/36454162/R_ile_%C4%B0statistiksel Veri_Analizleri

https://rstudio.com/products/rpackages/

http://rstudio-pubsstatic.s3.amazonaws.com/358712_cb458e78303a47698707615cb91c6543.html

https://www.sheffield.ac.uk/polopoly_fs/1.536444!/file/MASH_2way_ANOVA_in_R.pdf

http://www.mathalpha.com/MANOVA/ManovaAnalysis.R

http://www3.imperial.ac.uk/pls/portallive/docs/1/1171922.PDF